MARC BRUNO

PROFIL D'ARTISTE

PAR

FÉLIX THYES,

PRÉCÉDÉ D'UNE NOTICE SUR L'AUTEUR

PAR

EUGÈNE VAN BEMMEL,

Professeur ordinaire à la faculté des lettres de l'université
de Bruxelles.

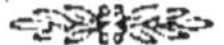

BRUXELLES,

ÉTABLISSEMENT TYPOGRAPHIQUE DE HENRI SAMUEL,

RUE DES SECOURS, 7.

—

1855.

MARC BRUNO

PROFIL D'ARTISTE.

MARC BRUNO

PROFIL D'ARTISTE

PAR

FÉLIX THYES,

PRÉCÉDÉ D'UNE NOTICE SUR L'AUTEUR

PAR

EUGÈNE VAN BEMMEL,

Professeur ordinaire à la faculté des lettres de l'université
de Bruxelles

BRUXELLES

ÉTABLISSEMENT TYPOGRAPHIQUE DE HENRI SAMUEL,

RUE DES SECOURS, 7.

1855.

NOTICE

SUR

FÉLIX THYES.

Ce n'est point une biographie que je veux entreprendre : un jeune homme mort à vingt-cinq ans a rarement un passé dont on puisse entretenir le public; peut-être même ne convient-il pas de pénétrer le mystère de ces premières années, toutes remplies de douces espérances, de brillantes illusions, d'aspirations vagues et ardentes, alors surtout qu'une triste fatalité est venue brusquement arrêter ces espérances, tromper ces illusions, rendre ces aspirations incomplètes, presque stériles.

Et cependant les natures d'élite, moissonnées impitoyablement au moment même où elles allaient s'épanouir à la lumière et à la vie, excitent en nos cœurs un intérêt puissant et sympathique, auquel se mêle parfois une sorte de curiosité profane. C'est un de ces mille drames intimes qui saisissent, qui impressionnent jusqu'aux plus indifférents. On sent le besoin de rendre un suprême hommage au génie précoce qui vient subitement de s'éteindre ; toute rivalité, toute jalousie se tait devant une gloire à laquelle la mort donne un si douloureux prestige ; et l'humanité, s'efforçant ainsi de réparer l'erreur de la destinée, de récompenser la victime et le martyr, semble prendre le rôle sublime de la divinité même.

En présence d'événements aussi affreux, le mot de fatalité s'échappe malgré nous de nos lèvres. Frappés de stupeur, nous nous demandons quelle peut être la signification de cette mort funeste et prématurée qui nous enlève sans retour un homme d'une magnifique intelligence, d'un cœur noble et pur, d'un caractère où se révélaient les qualités les plus rares et les plus précieuses. Encore si nous pouvions puiser quelque consolation, quelque allégement à nos regrets dans la pensée que cet homme a joui de son existence, qu'il a été heureux, tranquille, à l'abri des inquiétudes morales et des souffrances physiques : mais non. Cette vie n'a été pour lui qu'une longue et douloureuse maladie, cette belle âme a été torturée sans cesse par mille soucis de position et de fortune, par mille déceptions et mille découragements.

Félix Thyes naquit à Luxembourg le 19 janvier 1830, et, à peine âgé de deux ans, confié aux soins d'une servante qui l'avait imprudemment assis sur des dalles froides et humides, il eut le malheur d'être paralysé des deux jambes. Tous les remèdes employés n'aboutirent qu'à sauver l'une des jambes ; l'autre resta complétement atrophiée : le pauvre enfant était estropié pour la vie.

Alors commença, pour ses parents et pour lui-même, le douloureux spectacle d'une existence attaquée dans son germe, et pleine de tristesses, de souffrances et de privations. L'affreux accident dont Félix Thyes avait été frappé ne resta pas sans influence sur sa santé. Une pâleur maladive indiqua bientôt à ses parents désolés que l'organisme tout entier se trouvait atteint. Peut-être aussi l'usage de la béquille, pendant ses premières années, finit-il par lui abîmer la poitrine et par amener la phthysie à laquelle il a succombé.

Cependant, malgré ces alarmants symptômes, l'enfant grandissait, se développait même physiquement ; son âme s'ouvrait à la vie, ses facultés intellectuelles prenaient leur essor et s'annonçaient par une vivacité extraordinaire, une espèce de turbulence, de sauvagerie qui faisait trembler ses parents et rendait infructueuse toute tentative de guérison radicale.

Le père de Félix, M. Joseph-Jean Thyes, ancien soldat de l'empire, était revenu, après les guerres, dans son pays natal, et y exerçait les fonctions de commis à cheval des accises. Stationné d'abord à Mersch, il fit fréquenter à son fils l'école de cet endroit ; envoyé ensuite à Virton, il y emmena sa famille, et le jeune Thyes, qui avait alors neuf ans, entra au collége, où il ne tarda pas à se distinguer par son application et à remporter, entre autres, le prix de langue française.

Thyes quitta cet établissement pour aller

fréquenter le collége d'Arlon, mais il n'y resta
pas longtemps, car son père, ayant demandé
sa retraite, se retira à Lintgen, dans la belle
vallée de Mersch, où il avait une petite propriété : Thyes entra alors à l'athénée de
Luxembourg.

C'est à cette époque que le goût de la lecture,
se développant chez lui de plus en plus, amena
une complète révolution dans ses habitudes
et dans son caractère : révolution déjà préparée sans doute par une curiosité ardente et la
nécessité d'une vie sédentaire et méditative.
Il devint silencieux, réservé, pensif; rien ne
pouvait plus le distraire; la jeunesse et ses illusions avaient disparu. L'enfant, après une
brusque transition, était devenu homme.

Admis en sixième à l'athénée de Luxembourg, Thyes y fit successivement toutes ses
classes jusqu'en seconde inclusivement. Ayant
alors choisi la Belgique pour sa patrie d'adop-
tion, il vint, en 1852, passer son examen d'é-
lève universitaire à Namur, et se fit inscrire
bientôt après à la faculté de philosophie et
lettres de l'université de Bruxelles.

Je dois les faits qui précèdent, en partie à
la famille même de Félix Thyes, en partie à

M. J. Neumann, professeur à l'athénée de Luxembourg, qui fut à même d'apprécier les belles et rares qualités de l'infortuné jeune homme. A partir de l'année 1853, j'eus moi-même le bonheur de connaître Thyes qui ne tarda pas à m'inspirer le plus vif intérêt, la plus profonde sympathie et, par suite, une amitié véritable. Mes lecteurs me pardonneront sans doute aisément de puiser ici dans mes souvenirs personnels, de les initier même à une intimité où l'âme de Thyes se manifestait tout entière. Mieux que personne peut-être, grâce à l'affection qu'il m'avait vouée tout d'abord, je pus comprendre et admirer la riche et puissante imagination, la faculté d'observation juste et rapide, le jugement ferme et sûr, et, par-dessus tout, la fraîcheur et l'originalité de pensée qui auraient fait de ce jeune homme une des gloires de notre patrie.

La premiere fois que Thyes se révéla à moi, ce fut dans quelques lettres qu'il m'écrivit, alors que le déplorable état de sa santé l'avait obligé à aller passer plusieurs mois à la campagne chez ses parents. Je me permets de publier ici la première de ces lettres en son entier, parce qu'elle peut servir à faire connaître le jeune homme de la même façon que j'appris à le connaître moi-même. On y verra que la pensée seule n'élevait pas Thyes au-dessus des hommes de son âge, que la forme aussi, le style avait chez lui devancé les années et atteint une maturité singulière.

Voici cette première lettre :

Lintgen (Grand-Duché de Luxemboug), le 16 avril 1853.

« Je ne sais, Monsieur, si vous avez gardé le souvenir d'un de vos élèves auquel vous avez toujours témoigné une grande bienveillance et que vous avez bien voulu encourager à vous écrire, bien qu'il vous fût à peu près inconnu, lorsqu'une maladie le força d'interrompre ses études et de partir pour la campagne. Vous l'aurez très-probablement oublié, lui et l'offre que vous avez bien voulu lui faire avec une bonté de cœur et une intention obligeante dont il vous sait une bien vive gratitude ; et sa lettre, indiscrète peut-être, vous surprendra beaucoup. Quoiqu'il ait peu d'espoir que vous vous rappeliez même son nom, il serait heureux pourtant de pouvoir se dire qu'il ne s'est pas trop flatté en croyant voir, dans la bienveillance que vous lui avez montrée, autre chose que l'expression d'un intérêt banal et de circonstance et le désir naturel d'obliger. Si donc, aujourd'hui qu'il prend la liberté de vous écrire, il ose peu compter sur un sentiment auquel il n'a aucun droit, il espère du moins que vous lui garderez cette indulgente bienveillance dont vous lui avez déjà donné tant de preuves et dont il sait que vous n'êtes avare vis-à-vis de personne.

» Au moment de commencer cette lettre, permettez-moi de vous expliquer tout de suite que j'éprouve un certain embarras : je serai plus à mon aise après. — Lorsque vous avez bien voulu m'engager à vous écrire, c'était dans l'unique désir de m'être utile : je vous avais prié de me donner quelques conseils touchant mes études littéraires. Vous ne pouviez naturellement m'offrir d'utiles indications avant de savoir quel fruit j'avais retiré de mes études littéraires antérieures et quelles avaient été ces études. C'est alors, et dans le dessein de me fournir une occasion de me former le style, et afin de pouvoir me conseiller utilement, que vous m'avez fait cette proposition dont je ne saurai vous être assez reconnaissant et qui me fait peut-être abuser de vos bontés. — Dans une lettre où je ne puis guère parler de moi, où je ne dois pas parler de généralités... trop générales, où je n'ose pas toucher une question d'art, ni de littérature par la raison que je craindrais de me montrer trop inférieur ; dans une *première* lettre surtout, lorsque vous ne me connaissez que peu, trop peu sans doute pour que je ne craigne pas de devenir importun, vous comprendrez que le choix du sujet soit une difficulté et qu'il

m'embarrasse. C'est pourquoi, Monsieur, si
vous voulez bien m'honorer d'une réponse et me
permettre de continuer à vous écrire de temps
en temps, je vous prierai de bien vouloir m'indiquer un champ, de me tracer une espèce de
cadre et de me dire dans quel sens vous désirez que mes lettres soient conçues.

» Pour aujourd'hui donc, permettez-moi de
vous soumettre quelques idées sur lesquelles
je réclame votre indulgente opinion, qui me
sont venues un peu en désordre, un peu au
hasard, et que je vous dirai telles qu'elles me
sont venues, sur la manière dont je comprends
les études littéraires.

» Au collége j'avais pour professeur de dessin un homme original et sensé qui m'avait
pris en affection particulière et que j'aime encore. Je lui dois des idées justes sur l'art et
des notions précieuses sur les conditions générales du beau. C'était un homme fort singulier, je vous assure, caractérisé surtout par
un bon sens pratique remarquable — faculté
rare chez les hommes d'imagination. Comme il
avait acquis tout ce qu'il savait presque toujours sans nulle aide, par un travail obstiné
et solitaire soutenu d'une volonté énergique,
il n'empruntait jamais rien à personne et communiquait ainsi à sa parole et à ses actes, tout
comme à ses œuvres, la nuance de son humeur
et la tournure particulière de son esprit; et
comme d'ailleurs il avait le cœur chaud, en-
traînant et tendre, et l'esprit froid, railleur et

.sceptique, il y avait toujours en lui un contraste curieux et piquant.

» Peintre distingué, interprète intelligent de la nature, il m'expliquait surtout que la première, la grande, l'éternelle étude de l'artiste doit être, non pas la reproduction et l'imitation de la nature, mais son intelligence, sa compréhension.

» L'intelligence de la nature, me disait-il. c'est l'art tout entier ; — le reste n'est qu'une question de forme, de mode, de convention, de tempérament quelquefois, et qui importe peu. L'art comprend ainsi deux parties : une partie pratique et mécanique en quelque sorte, puis une partie esthétique, intellectuelle et tout à fait supérieure. De là deux tâches pour l'artiste : l'étude préliminaire de l'instrument, c'est-à-dire de la langue, des couleurs, de l'harmonie, de la forme, en un mot, dans les modèles ; et l'étude de la nature partout et en toutes choses. Le modèle ne doit être pour lui qu'une sorte de dictionnaire où il apprend des mots, un genre de grammaire où il apprend des formes et des modes : c'est là tout ; il ne peut et ne doit lui servir qu'à cela. Sans quoi l'artiste devient artisan : il se fait traducteur, copiste, manœuvre, machine. Il faut, me disait-il encore, que l'idée domine l'œuvre et la couronne, qu'elle fasse saillie dans l'ensemble et dans le détail. L'étude du modèle vous révèlera le procédé, mais l'étude seule de la nature peut vous donner le secret de la vie.

» Et alors il me faisait voir combien il faut peu de chose en soi pour constituer une œuvre d'art. Avec un bloc de rocher moussu et crevassé; avec une touffe de buissons rabougris effeuillés par une chèvre gourmande, tourmentée par un coup de vent et enveloppée d'un rayon de lumière, il faisait en trois coups de crayon une esquisse charmante pleine de mouvement, de vie et de caractère. Et quand, tout étonné et admirant, je me demandais comment je n'avais jamais remarqué ce petit buisson si coquet et si gentil à côté duquel j'avais passé vingt fois avec distraction, je m'expliquais que je n'avais pas compris la nature, et que, en fait d'art surtout, il y a une sorte de myopie intellectuelle. Je compris seulement alors ce qu'il avait voulu dire en comparant les modèles à des dictionnaires, en voyant son dessin me servir de *traduction*.

» C'est ainsi encore que, au lieu de me faire copier un grand nombre de modèles, il me les fesait, si j'ose ainsi m'exprimer, épeler, lire, étudier. Il me mettait un *Calame* en main, puis il me disait de chercher le pourquoi et le parce que de chaque trait, de chaque ombre comme de tous les rayons de lumière; quelquefois en pleine campagne il me faisait opérer ainsi sur le paysage vivant : rien que de l'analyse et de la dissection.

Tout cela a fait que je n'ai jamais su copier convenablement la moindre page de dessin. En revanche j'ai pris l'habitude d'analyser et d'é-

tudier la nature, de chercher la face lumineuse et brillante de toutes choses, son côté
artistique; et je comprends un peu le dessin
sans savoir dessiner moi-même.

» Et maintenant, Monsieur, la méthode de
ce bon professeur n'est-elle pas un peu bien
bonne? Ses idées ne sont-elles pas applicables
à la littérature comme à tous les arts en géné-
ral? Ne croyez-vous pas avec lui qu'il faut étudier la nature avant tout, sur tout et partout?
Ne pensez-vous pas avec lui que l'intelligence
de la nature, c'est l'art tout entier, et que le
reste n'est qu'un accessoire d'importance médiocre?

» Quant à moi, je me suis souvent rappelé
les leçons du bon peintre et toujours avec
profit. Les principes qu'il m'expliquait avaient
trait à tout parce qu'ils étaient vrais et que la
vérité est universelle. Sans qu'il s'en doutât,
ni moi non plus, il y avait au fond de ses cau-
series, en dépit de leur forme singulière, anec-
dotique parfois, drôle souvent, malgré leur
incohérence et leurs caprices, l'essence d'un
bon cours d'esthétique. Ces principes, je les
ai pratiqués, non-seulement dans mes études de
dessin que j'ai abandonnées, mais dans mes études littéraires et jusque dans la vie pratique.

» Pour résumer et définir ces quelques idées,
je dirai : je pense que l'art existe en nous,
comme *faculté*, comme sens supérieur, intime
et exquis, qu'il existe comme tel chez tout
homme, à l'état de germe plus ou moins

avancé, susceptible de développement ou d'atrophie, mais ne s'anéantissant complétement qu'avec le sentiment et l'intelligence. Considéré sous ce point de vue, l'art serait une aptitude générale, prédominante dans certaines organisations, à comprendre la nature et à en être énergiquement affecté, accompagnée du besoin de manifester extérieurement les idées acquises et les sensations perçues....

» Depuis mon retour, j'essaye de reprendre mes études. Mais, quoique je sois en pleine convalescence, je travaille peu, trop peu quant à mon examen, mais autant cependant que me le permet le docteur qui me dit, quand je lui objecte la nécessité d'étudier davantage, qu'un examen se remet à une session prochaine, mais non une maladie; qu'on se relève d'un échec, mais rarement d'une rechute, et quantité de choses de cette force; cela ne me rassure guère, surtout devant le résultat de la dernière session. Onze échecs sur dix-huit élèves! Savez-vous que c'est effrayant, Monsieur, et de nature à épouvanter un récipiendaire mieux préparé, plus courageux et mieux portant que moi?

» Et puis, ajoutez à cela les douceurs de la convalescence qui disposent peu au travail. Avez-vous jamais été convalescent, Monsieur? Je suis loin de vous souhaiter la moindre petite maladie, — sans votre assentiment préalable, — mais je puis vous assurer, que si l'on connaissait mieux et si l'on savait apprécier comme moi le charme et les avantages de la convalescence, on serait loin de montrer une crainte et une répugnance aussi généralement prononcées pour les maladies. Cet état serait recherché, désiré, ambitionné. On se tourmenterait pour attraper une petite pleurésie, une innocente névralgie, etc., (à condition d'en guérir, bien entendu, et le plus vite possible). Pour jouir de cet état délicieux et trop méconnu, on s'exposerait aux rhumes, on rechercherait les courants d'air, on se donnerait des indigestions : le choléra et la petite-vérole seraient à la mode; on renoncerait à la flanelle de santé, on renierait le bonnet de coton. Quelle désolation, Monsieur, parmi les bonnetiers, mais quelle jubilation dans le corps médical!

» La convalescence est une période de rénovation vitale; elle nous rend frais, légers d'esprit et de corps; elle assainit la pensée, la purifie, l'élargit; elle nous place dans les meilleures conditions possibles pour faire des vers, si l'on est poëte, — des systèmes, si l'on est utopiste (et qui ne l'est pas un peu?) — pour devenir amoureux — pour nous passionner pour quelqu'un ou pour quelque chose. L'imagination travaille, trotte, caresse les plus jolies choses du monde, s'en va bien loin, s'en revient tout près, nous rappelle dans toute leur naïve fraîcheur, dans toute leur grâce primitive, ces adorables et merveilleux rêves de seize ans qu'on n'oublie jamais entièrement;

elle est comme une lanterne magique, vous savez : on y voit tout ce qu'on veut et même tout ce qu'on ne veut pas. Et puis on est aimé, caressé, fêté, choyé, mijoté, dorloté ; tout le monde vous sourit, s'inquiète de votre état, vous donne des marques de sympathie. Nul souci importun ne vous tourmente. Avez-vous quelque projet, quelque plan, quelque rêve de bonheur ? Vous le caressez à loisir, voluptueusement, sans hâte, avec ardeur à la fois et épicurisme. Quelque pensée importune, attachée à vous comme un grelot incommode et malsonnant, vous tracasse-t-elle par trop, un prochain examen par exemple ou autre chose ? vous la secouez, vous n'y songez plus, vous la rejetez bien loin dans l'avenir et vous dites : — plus tard.

» Ah ! Monsieur, il y a tout cela dans la convalescence et autre chose encore.

» On relit avec délices de vieux papiers, de vieilles lettres oubliées ; le cœur frissonne au souvenir d'anciennes émotions, mortes et retrouvées, comme une harpe éolienne au souffle d'une brise parfumée. Le matin c'est la cloche qui tinte et qui fait rêver ; le soir, ce sont des vers qu'on lit et qui font venir des larmes aux yeux ; ce sont des aspirations mystérieuses qui montent au cœur et qu'on n'explique pas. On est joyeux, on est triste, sans savoir pourquoi, si ce n'est qu'on se sent heureux et qu'on vit avec plénitude, avec énergie ; un rien occupe, intéresse, émeut : le bruit des battoirs qui vient de la fontaine voisine, les laveuses qui étendent le linge au soleil sur la haie, la villageoise qui passe, leste et accorte, les canards qui barbotent dans le ruisseau, les poules qui picorent dans la cour, le vieux chien du voisin qui sollicite une caresse : tout et rien !

» Tenez, Monsieur, même sans votre assentiment préalable, faites une petite maladie! »

Je me permettrai encore de mettre sous les yeux de mes lecteurs des fragments de deux autres lettres où Thyes, s'abandonnant avec plus de confiance à mesure que nous nous connaissions davantage, parle de ses joies, de ses désirs, de ses idées les plus chères. Je dépouillerai naturellement ces dernières lettres de ce qu'elles ont de trop personnel à moi-même et de trop intime relativement à leur auteur. Il y a de ces épanchements de l'âme, de ces mystères de la pensée qui doivent rester, à tout jamais, dans le domaine de l'amitié.

Lintgen, le 28 avril 1853.

. . . .

. . « Oui, Monsieur, il y avait autre chose que ce qui était écrit dans cette pauvre et bienheureuse lettre que je vous adressai après mainte hésitation, avec confiance en vous à la fois et grande défiance de moi-même, et pour laquelle je redoutais, je puis bien vous le dire maintenant, bien plus un accueil uniquement poli qu'une indifférence complète. Merci de l'avoir compris....

» Je ne sais si, au milieu de votre vie très-remplie sans doute, vous ressentez le même plaisir que moi de la correspondance que nous commençons. Quant à moi, j'éprouve à vous lire et à vous écrire un charme vaguement mystérieux tout imprégné d'une saveur exquise et inconnue. Il me semble aussi qu'il y a, dans la manière dont notre amitié commence, quelque chose de providentiel. Lorsqu'on est seul, bien loin, à la campagne, dans le silence et la solitude, involontairement on s'écoute vivre et sentir.

» . . . .

. . . Souvent, quand je vois autour de moi tant d'indifférence pour ce qui est grand et beau, d'égoïsme vénal qui s'étale ou se cache, de bassesses et de génuflexions devant l'or et la puissance, des dégoûts me viennent soudain. Lorsque je vois tant d'hommes chez qui cela sonne creux à l'endroit du cœur, chez qui toute la vie pivote sur l'intérêt propre, une peur me prend : il me semble que je vis dans un pays de morts et que toutes ces froides figures sont des cadavres mus par l'intérêt personnel, ce vieux ressort rouillé, et où l'égoïsme a entièrement rongé le cœur et pris sa place. Je crois que beaucoup d'hommes meurent deux fois : la première fois quand ils perdent la pureté, l'amour, la foi, les illusions généreuses, l'enthousiasme des choses belles et vraies; la seconde fois quand le corps tombe en ruine, comme une vieille baraque inhabitée et hantée par les esprits qui s'écroule sous un coup de vent. Car, ainsi que vous le dites, ce qui fait la vie, la vraie vie, la vie vivante, c'est le sentiment, c'est-à-dire l'amour désintéressé du beau et du vrai. Quand cela est mort, l'homme est mort. Il ne reste de lui qu'une machine ingénieusement combinée qui se meut, qui digère, qui procrée; c'est un système d'horlogerie, quelque chose dans le genre de l'arithmomètre.—Combien je déteste aussi toute cette littérature qui s'endimanche, qui s'empanache, qui se farde, qui minaude et qui grasseye, et qui ressemble à l'art comme un décor de théâtre vu au grand soleil ressemble à un Salvator Rosa! C'est un parlage qui agace les nerfs comme les sons criards qu'un racleur sourd tire d'un violon fêlé et mal accordé. J'ai toujours pensé que l'artiste a pour mission d'expliquer, de rendre sensible et de faire aimer la nature et Dieu, c'est-à-dire de rendre l'homme bon, juste, religieux, heureux; de guider les peuples vers l'avenir par la voie de la civilisation et du progrès. Beaucoup l'oublient.

» Je ne connais pas les *Menus propos d'un peintre génevois* de Topffer dont je n'ai encore rien lu. Je vous suis bien reconnaissant de l'obligeance que vous avez de vouloir m'envoyer cet ouvrage....

» Le temps a été si défavorable jusqu'ici que je n'ai presque pas pu sortir. Je descends à peine de ma chambre. Je lis peu, j'écris peu, j'étudie peu. Mon plus grand plaisir en ce moment est de ne rien faire du tout, de songer creux, de me souvenir, d'arranger l'avenir à ma guise, de combiner des rêves et d'amalgamer la réalité avec la fiction ; toutes choses qui me conduiront infailliblement à échouer dans mon examen que je compte passer au mois d'août. J'ai là, sur ma table, deux livres que je lis et relis lentement et à mon aise, et que j'éprouve un plaisir infini à étudier et à comprendre ; c'est Béranger et une tout ancienne édition de l'*Imitation de Jésus-Christ*.

» J'aime Béranger comme tout le monde l'aime d'abord : pour sa bonté indulgente qui sourit dans chaque vers, pour sa malice fine et innocente, pour son esprit bonhomme, mordant et inoffensif tout ensemble, pour sa langue admirable, si riche en tons originaux et vrais, pour son opposition éloquente et courageuse, pour toute sa vie enfin si indépendante et si simple. Je l'aime encore parce que son livre est pour moi comme une confession, un journal. J'y trouve toute une existence d'homme, avec ses douleurs et ses joies, ses goûts, ses préférences, ses misères, ses luttes, ses contrastes accidentés : ces petites pièces fugitives, écrites au hasard, ce sont les impressions du matin, du soir, du printemps, de l'automne, de la jeunesse, de l'âge d'homme,

vaguement tristes ici, follement gaies là, avec
les rires et les larmes. Je l'aime parce que chacune de ses chansons est un tableau gracieux
ou grotesque, touchant ou patriotique, cru et
hardi parfois, mais vrai et charmant toujours,
illusoire de vérité comme l'image d'une glace,
frais et adorant comme un bouquet encore
trempé de rosée. Je l'aime parce que ce livre
est écrit, non avec la tête mais avec le cœur,
et qu'il y a des pages trempées de larmes. Connaissez-vous quelque chose de comparable à
Ma vocation :

> Jeté sur cette boule,
> Laid, chétif et souffrant....

C'est d'une tristesse navrante. A seize ans
cette chanson me fesait pleurer.

» L'*Imitation*, ce livre mystérieux, tour à
tour maudit et béni, est pour moi un champ
inépuisable d'études. Je ne parle pas de ses
tendances sociales : je n'ai pas assez de science
pour les apprécier dans toute leur portée; je
ne parle pas de son mérite littéraire : je ne
suis pas assez bon latiniste pour en juger; je
parle seulement de sa signification morale, de
son sens intime, de ce qui, en un mot, se révèle à celui qui le lit avec un cœur simple et
un esprit attentif. Il y a dans ce livre une
science prodigieuse de l'homme; l'âme y est
fouillée dans ses replis les plus cachés; quelque chose de pur, d'ineffable, d'infini s'en
échappe comme un parfum et pénètre tout :
c'est la charité du philosophe chrétien, l'amour

divin. Il est écrit avec des larmes ; on dirait que l'homme qui l'a écrit, après avoir connu toutes les souffrances humaines, est arrivé au bord de la tombe et que là, placé comme sur une limite , il regarde en-deça et au-delà. D'un côté il voit l'océan de misères et de vanités que l'humanité doit traverser ; de l'autre il entrevoit comme le rayonnement de la magnificence du Seigneur, et l'éclat pur et radieux de la beauté et de la vérité éternelles. Rappelez-vous cet incomparable chap. V, livre III—*de mirabili effectu divini amoris*, et dites-moi, je vous prie, quel homme a jamais mieux senti et compris l'amour : j'entends par là toute affection quelconque, terrestre ou non mais pure et élevée ! Il n'y a pas deux sortes d'amour : l'amour est un comme la vérité, comme Dieu ; il n'y a que de l'amour mélangé à différents degrés d'égoïsme et de matière. Pour moi je préfère ces quatre pages à tout ce qui a été écrit sur ce sujet. Et puis j'aime ce livre parce que j'aime le Christ. Cette grande figure historique, synthèse admirable de toutes les souffrances et de toutes les amours de l'humanité, est ce que j'ai trouvé de plus élevé, de plus splendide, de plus rayonnant, de plus digne de vénération et d'amour. Sans avoir la foi, je comprends qu'on s'incline devant elle, je comprends qu'on en fasse un Dieu, je comprends cet amour mystique de Jésus qui vient à l'ombre des vieux cloîtres silencieux. Ne vous semble-t-il pas comme à moi, qu'en s'agenouillant devant cet adorable crucifié, en pleurant sur son agonie et sur son martyre, l'humanité pleure sur elle-même, sur ses propres douleurs, sur son propre exil. Le Christ, c'est l'incarnation, ou mieux, c'est le symbole de l'humanité tout entière, comme le Juif-errant est la personnification et la légende d'une tribu maudite. Aimer et souffrir, c'est toute la vie du Christ, n'est-ce pas aussi celle de l'humanité?

» . . . .

» J'ai tout à fait compris ce que vous me dites de l'importance du sentiment dans l'art comme dans la vie pratique. Je crois en avoir saisi toute la portée et toute la justesse. Je pense donc aussi avec vous que l'homme doit mettre tous ses soins à cultiver cette précieuse faculté, à la dégager de la sensation et des tendances égoïstes qui couvent en lui; car le caprice et la fantaisie ne sont que le plaisir qui, dérivant de la sensation, est essentiellement égoïste, tandis que le sentiment, qui est comme la fleur de l'âme, est tout amour. Toutes les choses que vous me dites à ce sujet, je ne me les étais pas encore dites, mais je les avais senties, et maintenant que j'y ai réfléchi, je les comprends comme je les avais déjà senties. Cela est tellement vrai que toute ma religion n'est que l'application de ce principe. Je ne professe aucun culte, et je serais prêt à me faire circoncire demain si je savais trouver la foi et la vérité dans le mosaïsme, ou seulement si, en agissant ainsi, je savais faire une action vraiment utile et morale ; mais il ne faudrait pas croire pour cela, j'en serais bien fâché, que je n'ai aucun principe religieux ; ma religion à moi est toute de sentiment ; elle n'a rien d'obligatoire ni de contraint, elle ne connaît aucune formule, aucun dogme, aucune autorité intermédiaire entre Dieu et l'homme ; ma prière ne se dit pas, ne s'écrit pas, ne se répète pas : elle se sent. Quand il me vient une grande joie, je suis heureux et je remercie Dieu ; quand le malheur me frappe je songe aussi à Dieu. La souffrance et le bonheur sont les deux chaînons qui relient l'homme à la divinité. C'est là toute ma religion : religion d'instinct, religion de sentiment. N'est-ce pas la vôtre ?...

» Ma santé ne va ni bien, ni mal. J'ai toujours de fortes palpitations de cœur, les nerfs très-agacés, peu de toux heureusement ; quelquefois de légères douleurs à la poitrine. Mais ce que je puis vous annoncer de mieux, c'est que l'appareil que je me suis fait confectionner à Bruxelles pour ma jambe et dont je pense vous avoir parlé la dernière fois que j'ai eu le plaisir de vous voir, fonctionne bien et me permet de marcher sans béquille. Je puis ainsi faire des courses assez longues sans trop me fatiguer. J'en attends les meilleurs résultats pour ma poitrine qui se trouve maintenant entièrement dégagée.

» Laissez-moi terminer cette lettre, trop longue déjà, par une puérilité.

» Quand j'étais tout jeune, mes parents habitaient la campagne. Ils demeuraient à Rollingen, joli petit village tout près de Mersch, entre Mersch et Lintgen, si vos souvenirs peuvent vous guider. Le village est assis au pied et sur la pente d'une haute et raide colline ceinte à son sommet d'une muraille de puissants rochers que surmonte une opulente forêt : dans le fond, de vertes prairies, des peupliers et l'Alzette, capricieuse petite rivière. C'est gracieux et pittoresque. Dans la vallée l'horizon est à peine d'une demi-lieue ; sur les rochers il est immense, sans bornes. Souvent je me sauvais de l'école pour vagabonder par les champs avec les petites glaneuses et les petits chevriers. Quand on était bien fatigué et qu'on avait bien chaud, on se réfugiait dans la forêt, dans cette haute et belle forêt que je vous ai dite. En automne on s'assemblait autour d'un grand feu qu'on allumait sous une roche calcinée et opposée au vent et à la pluie ; on rôtissait des pommes de terre sous la cendre et on racontait ces légendes merveilleuses qui sont les épopées et les romans des chaumières et qui se transmettent de génération en génération : c'était délicieux ! En été, on dénichait des nids, on cueillait des fraises et des noisettes, on s'endormait dans la fraîcheur de cette immense forêt frissonnante et ombreuse, toute pleine de bruits mystérieux, de cris bizarres, de formes fantastiques. Au réveil, on avait sur sa tête cette haute voûte verte que le soleil perçait, ici et là, éclairant le vert sombre du feuillage d'une trace lumineuse et rompue que la brise faisait ondoyer. Les saines odeurs des fleurs sauvages montaient au cerveau et parfumaient le cœur et les pensées. C'était beau, et qu'on est heureux d'être enfant ! Ce temps est loin : j'ai bien souffert depuis et je ne l'ai pas oublié. Chaque fois qu'une émotion douce, tendre, sérieuse me monte au cœur, j'ai comme un vague souvenir, une réminiscence délicieuse de la forêt, comme si une brise tiède et mourante m'apportait, avec des impressions lointaines et caressantes, l'odeur enivrante et le vague bourdonnement des bruyères.

» Je me suis rappelé et j'ai éprouvé tout cela en lisant votre lettre, Monsieur, et j'ai songé à vous le dire..... »

Les deux premières lettres ont déjà pu révéler en Félix Thyes un homme de sentiment, un véritable artiste, non moins qu'un écrivain ingénieux. Dans la lettre suivante, appliquant ces précieuses qualités à un ordre d'idées d'une nature supérieure, il se montre à la fois poëte et penseur. Ses théories, ou plutôt ses aspirations, pourront ne pas sembler irréprochables à plus d'un point de vue, mais je tiens à faire apprécier sous ses principales faces cette belle âme et cette riche nature. On trou-

vera, dans certains chapitres de *Marc Bruno*
ces mêmes idées plus complètes, plus mûries,
et l'on pourra dès lors se figurer ce qu'une
telle intelligence aurait pu produire un jour,
si elle n'eût pas été arrêtée dans sa route brillante et rapide.

Lintgen, le 9 juin 1853.

« . . . .
. . . Ainsi que vous le dites, la société
nouvelle, telle que nous la voulons, est le pôle
vers lequel se dirigent toutes les intelligences
et tous les cœurs. Mais il y a tant de manières
diverses de comprendre la révolution et le
monde nouveau, le moyen et le but, que même
lorsqu'on veut la même chose souvent on est
loin de s'entendre. Je vais essayer de vous résumer mon opinion sur ce sujet dans l'espoir
de rencontrer ici votre pensée avec le même
bonheur que j'ai eu de la rencontrer sur d'autres questions. Toutefois je vous prierai de
m'éclairer sur bien des choses quand plus
tard nous causerons de tout cela, car j'ai le
plus vif désir d'affermir mes convictions et de
m'instruire à votre école.

» Par révolution on entend communément
la chute violente d'un gouvernement ou d'un
système politique, amenée, soit par des intrigues de cabinet, soit par le progrès intellec-
tuel d'une nation, et accomplie par l'action
d'une grande force physique, le peuple. On ne

conçoit pas la révolution sans bouleversement, sans changement de dynastie ou de forme de gouvernement, sans effusion de sang. Ce qui constitue ainsi la révolution dans l'opinion de beaucoup, c'est la catastrophe ; ils croient que l'humanité marche par sauts, par bonds, par saccades, et qu'elle procède par ébranlement. La révolution ainsi comprise n'est que le conflit de deux forces physiques : la force populaire, aveugle et brutale, écarte un obstacle matériel. Quoi qu'on dise et quoi qu'on fasse c'est toujours le droit du plus fort.

» Je conçois la révolution autrement. Je la considère comme un corollaire immédiat et nécessaire du christianisme. Le christianisme fut une révolution dans les idées et les sentiments ; la révolution que le XIXme siècle a inaugurée n'est que l'application des idées et des sentiments chrétiens. Ces deux faits sociaux s'expliquent et se complètent l'un par l'autre ; l'un concerne l'ordre moral, l'autre l'ordre physique des choses. La formule du christianisme est à la formule de la révolution comme le moyen est au but, c'est-à-dire que l'activité sociale doit nécessairement atteindre son terme par la pratique du christianisme. De notre temps l'action du christianisme se continue à côté de celle de la révolution. Celui-là est apôtre qui éclaire les esprits et échauffe les cœurs, celui-là est révolutionnaire qui incarne le principe chrétien dans des institutions.

» Sous ce point de vue, la révolution, n'étant
que l'application de la doctrine de Jésus, doit
porter tous les caractères de cette doctrine :
pas de sang, pas de violence, pas de haine,
les seules lumières, la charité chrétienne,
l'esprit de tolérance. Elle doit être produite
par les seules forces de la vérité et de l'amour ;
elle doit se faire par l'éducation progressive,
graduelle des peuples, et ce n'est pas dans les
agitations que cette éducation peut se faire.

» Dans cette idée, 89 n'est que le branle-
bas de la révolution ; 1830 et 1848 n'en sont
que des épisodes, Louis Bonaparte un caillou
sur un grand chemin. Je ne conçois pas la révolution rationnelle et chrétienne accompagnée de violence et tachée de sang. Ni 93, ni
1830, ni 1848 ne sont la révolution ; elles
n'en sont que des manifestations nécessaires
mais regrettables. Je sais bien que lorsqu'un
obstacle matériel entrave la civilisation, cet
obstacle doit disparaître à tout prix, par l'intervention des forces aveugles de la société.
C'est ainsi que s'expliquent et s'excusent ces
grands égorgements. Mais ce qui prouve que
cette intervention ne constitue pas la révolution, c'est qu'elle n'a jamais produit le résultat qui doit couronner la véritable révolution
chrétienne.

» Je ne partage pas l'opinion de ceux qui
croient que la réalisation de ce monde nouveau est prochaine. Je pense qu'une organisation sociale, basée sur les principes rationnels

de la liberté, de l'égalité, de la fraternité, est
possible, nécessaire, inévitable, mais je crois
que nous en sommes bien loin, et je doute
qu'elle se fasse en Europe. Notre société ac-
tuelle, loin de s'en rapprocher, est pire que
l'antiquité, pire que le moyen âge. Qu'avons-
nous conquis jusqu'à présent au prix de tant
de sang et de dévouement? — des mots et des
formules, ces boîtes à double fond. Certainement que, sous beaucoup de points, des amé-
liorations incontestables ont été produites;
mais chaque droit conquis, chaque liberté ob-
tenue n'ont-ils pas éveillé de nouveaux besoins, de nouveaux désirs? Ne connaissez-vous
pas des millionnaires plus pauvres que des
pauvres? Nous avons au xixme siècle des castes
et des parias, des ilotes et des serfs, et une
féodalité bien plus solidement établie que celle
du xiime siècle. Qu'est-ce que la féodalité du
moyen âge? Un état social dans lequel, à l'ex-
ception du roi qui est le maître de tous (quand
il est quelque chose) et du serf qui est l'esclave de chacun, il y a autant de maîtres que
d'esclaves et autant d'esclaves que d'hommes.
Qu'est-ce que la féodalité à notre époque? Un
état social dans lequel le plus riche est le
maître de tous, et le plus pauvre l'esclave de
chacun, et où ceux qui ne sont ni riches ni
pauvres sont dans des rapports de dépendance
vis-à-vis du plus riche et dans des rapports de
supériorité vis-à-vis des plus pauvres qu'eux.
Quelle différence voyez-vous entre ces deux

états sociaux dont l'un est l'exagération du principe de famille et l'autre l'exagération du principe de propriété? Ah ! si. Il y en a une. La féodalité du moyen âge était basée sur une autorité, sur un principe vrai ou faux, peu importe, mais sur quelque chose de moral et d'immatériel. La féodalité du xixme siècle est assise sur la puissance de l'or, sur la suprématie de la matière et de l'égoïsme. Autrefois on menaçait de la potence et du bûcher, aujourd'hui on menace de la faim : progrès !

» D'un autre côté, le monde nouveau à l'édification duquel nous travaillons est inconciliable avec nos mœurs et notre corruption : c'est là un obstacle sérieux.

» A certaines époques la civilisation a besoin de se retremper dans la barbarie comme la barbarie doit se cultiver par le contact de la civilisation. C'est incontestable. L'invasion des barbares est d'ailleurs là pour le prouver. Sous un autre point de vue rien d'immuable et d'éternel ne se fonde avec des éléments viciés, corrompus, incomplets. Pour s'implanter, le christianisme a eu besoin des âmes vierges des Huns et des Goths. Jésus-Christ ne s'explique pas sans Atilla ; sans les barbares, sa doctrine passait inaperçue, incomprise, et mourait étouffée dans la fange et la corruption du vieux monde romain. Nous touchons à une de ces époques. La nécessité d'une régénération aussi bien vitale que morale et sociale se fait sentir. Il serait difficile de le nier.

Notre siècle est grand, mais remarquez que cette grandeur provient surtout du travail de l'intelligence. Ce qui lui manque, ce n'est pas la puissance du génie, c'est la charité évangélique, c'est la foi. L'Europe est vieille et ridée ; elle est envahie par la corruption, travaillée par l'égoïsme et le doute : mais l'aspect, en elle, est sain et tout-puissant. L'Australie, les deux Amériques, l'Afrique nourrissent des peuples jeunes, vigoureux, naïfs, et recèlent des foyers ardents d'amour et de foi ; seulement, l'intelligence y manque de culture. Ce seul rapprochement ne montre-t-il pas que c'est du mariage de l'ancien et du nouveau-monde que la société nouvelle doit sortir ? Le fait d'ailleurs l'atteste. L'Europe émigre, se transplante en Australie, en Amérique, en Afrique, partout où n'est plus l'Europe. Ces immenses colonisations de toutes les nations qui ont lieu au XIXme siècle, ont sans doute une très-haute signification. — Puis il ne faut pas oublier que nous ne sommes pas sur la terre que des blancs. Je me refuse à croire que la race noire ait été uniquement créée pour rester dans un éternel rang d'infériorité morale ou physique. Je crois qu'elle est appelée à jouer son rôle dans l'histoire, et que ce rôle sera prochain et admirable. L'Europe n'est qu'un département de la terre : il y a l'Amérique avec sa jeune population cosmopolite ; il y a l'Australie, tout un continent qu'on défriche ; il y a le centre de l'Afriqnc dont on ne sait rien ; c'est-à-dire qu'il y a, en dehors de l'Europe corrompue, prostituée, perdue, des richesses inépuisables sur des sols vierges, fertiles, infinis, avec des populations innombrables, ardentes, saines, vigoureuses, qui se développeront admirablement sous l'influence des lumières européennes. Quel beau berceau pour notre monde idéal!

» Puis, Monsieur, c'est immense ce qui reste à faire! — La religion universelle et rationnelle, c'est-à-dire le vrai christianisme à asseoir sur les décombres de tous les cultes; le sentiment de nationalité à remplacer par celui de l'humanité; la ruine des haines, des priviléges, des inégalités, des préjugés, le changement de la caserne en école, du couvent en atelier; l'établissement de l'enseignement universel, obligatoire, commun, gratuit, non plus basé, comme à notre époque, sur l'égoïsme, mais sur l'amour, de telle sorte que l'enfant soit élevé non en vue de lui-même, de son bien-être personnel, mais en vue de l'humanité, en vue du bien public; la fusion des peuples et des continents en une seule et harmonique république: toutes ces mille réformes que je ne fais qu'indiquer et entrevoir et qui doivent changer la face du monde.

» J'entends souvent répéter que c'est à l'aide du peuple que cette révolution doit se faire : c'est une opinion que je ne puis partager.

» Le peuple? Qu'est-ce que le peuple? Les

nations sauvages ne le savent pas ; l'état social que nous attendons l'ignorera. C'est donc
l'enfantement d'une civilisation incomplète.
Triste enfantement! comment le définir? En
vérité, je ne sais. M. Altmeyer l'appelle spirituellement et admirablement « *ce pauvre Job* ».
Ne trouvez-vous pas que c'est ce qu'on en peut
dire de plus poétique, de plus profond, de
plus vrai. Le peuple est un mot large et restreint. Tel roi dit : *mon* peuple; tel savetier
dit : *le* peuple. Dans l'opinion publique, dès
que l'intelligence s'ouvre ou que le coffre-fort
s'enfle, on sort du peuple, on n'est plus peuple,
on se détache du peuple. Le peuple est donc
ainsi la masse ignorante, déshéritée, exploitée
de l'humanité, c'est le sentiment sans l'intelligence comme le non-peuple est l'intelligence
sans le sentiment. Bien entendu que je fais ici
abstraction de tous ceux qui, ayant donné une
culture synthétique à leur nature, sont à la fois
dans ces deux éléments sans appartenir à
aucun. Ceux-là sont peu nombreux malheureusement; ils forment la milice sainte; ils
ont pour tâche de porter la lumière dans les
couches inférieures de la société, et la chaleur, la charité qui échauffe dans les couches
supérieures, de réconcilier les deux éléments
de la société par l'anéantissement de la distinction du peuple et du non-peuple. — Le
peuple est une force aveugle, formidable,
dangereuse, dont il faut pouvoir se servir pour
renverser un obstacle matériel, mais qu'il ne

faut mettre en jeu qu'à la dernière extrémité.

» Voilà pourquoi je pense que le monde nouveau que nous rêvons, que nous méditons, que nous attendons, à la construction duquel nous travaillons, ne sera pas fait par le peuple, ne sera pas créé par le non-peuple, et qu'il ne sera possible que pour autant que cette division aura disparu dans le fait comme dans le principe. Voilà pourquoi je pense que nous sommes immensément loin du but et qu'il ne se réalisera peut-être pas dans la vieille Europe.

» Assez de politique, n'est-ce pas? pour aujourd'hui.

» Je vous remercie de l'intérêt que vous prenez à ma santé. Je vais toujours mieux et j'espère pouvoir revenir bientôt à Bruxelles. J'ai le plus grand désir de passer mon examen à la session du mois d'août, parce que le remettre serait perdre une nouvelle année et que c'est pour moi une question capitale d'arriver le plus tôt possible à une position.

» Je compte passer mes vacances à Bruxelles et les employer à des études littéraires et sociales. La nécessité de donner tout mon temps à mes études et la fatigue que j'éprouve à faire de longues courses me détermineront sans doute à prendre un appartement dans le voisinage de l'université. J'ai un but de carrière devant moi, mais il est difficile, vague et lointain. Les bons conseils d'un ami tel que vous me guideront et m'encourageront. Mes études sont très-incomplètes et présentent des lacunes nombreuses ; c'est que bien rarement, je puis dire jamais, je me suis trouvé dans les circonstances exigées pour faire de bonnes et calmes études. Ces lacunes, je voudrais les combler. Si ma santé se remet tout à fait et si je passe mon examen, deux choses essentielles pour moi et ardemment espérées, j'aurai sans doute une bonne et heureuse année, toute d'études et de douces affections. Je m'affranchirai de toute inquiétude ; je puiserai dans votre amitié la persévérance et la foi qui m'ont souvent fait défaut parce que j'étais seul et comme isolé dans la vie. Je fais déjà les plus beaux projets ; je me figure les plus belles choses du monde ; mais, vous le savez, on n'est jamais plus voisin d'une déception que lorsqu'on ne doute plus d'un succès,

> Perrette, sur sa tête ayant un pot au lait
> Bien posé sur un coussinet etc., etc.

C'est d'une éternelle vérité. »

Ce fut effectivement d'une vérité terrible et navrante, et cette pensée, qu'il semble laisser échapper avec un sourire, n'était en réalité qu'une affreuse prédiction.

Thyes revint à Bruxelles au mois d'août 1853, passa sans trop de difficulté l'examen de candidature en philosophie et lettres, et entreprit immédiatement les études de droit. La littérature n'étant pas une carrière en Belgique, il fallait bien qu'il cherchât d'autres ressources qui pussent le mettre, dans un temps donné, à l'abri du besoin. Mais ces travaux, antipathiques à sa nature de poëte, achevèrent de ruiner sa santé, et provoquèrent à différentes reprises des indispositions graves : symptômes alarmants dont il comprenait trop bien l'affreuse signification.

Notre amitié, qui s'était développée peu à peu pendant notre correspondance, ne fit que s'accroître encore lorsque nous pûmes nous voir tous les jours. J'étais heureux de voir cette amitié le distraire parfois de ses appréhensions, lui faire même oublier ses souffrances.

Il jouissait, du reste, de l'estime de tous ceux qui le connaissaient ; ses condisciples capables de le comprendre recherchaient son commerce, et il savait se les attacher par son caractère même et pour ainsi dire sans le vouloir. Dans ses relations de chaque jour il montrait d'ordinaire la plus grande douceur et la plus exquise prévenance, mais il soutenait courageusement, opiniâtrement même, l'opinion qu'il avait pesée et raisonnée avant de l'émettre.

Le seul défaut qu'on ait pu remarquer en lui

était une susceptibilité extrême, à laquelle se joignait une assez grande irascibilité que sa raison était souvent impuissante à calmer et à maintenir. Peut-être ce défaut provenait-il de sa délicatesse de sentiment et de sa finesse d'esprit qui étaient des plus remarquables, et auxquelles se mêlait une imagination toujours inquiète, souvent maladive.

Le trait le plus saillant de son caractère était une douce mélancolie, qui lui faisait fuir le bruit du monde et rechercher la solitude. C'est peut-être cette propension naturelle, alimentée par la conscience de son triste état physique, qui lui fit toujours voir l'avenir sous les couleurs les plus sombres; mais, si de ce côté, cette mélancolie fut pour lui une source de chagrins, il y puisa aussi, grâce à la puissante activité intellectuelle qui ne l'abandonna jamais, ses plus vives jouissances et ses plus belles inspirations. Lorsqu'il était à Lintgen, il faisait une ou deux fois par jour des promenades solitaires; le reste du temps était consacré à un travail opiniâtre et sans relâche. Tous ceux qui l'ont connu ont aussi pu admirer la force de sa volonté et sa persévérance à terminer ce qu'il avait une fois entrepris.

Les études littéraires étaient ses plus chères

distractions et il y trouvait toujours une diversion puissante à ses douleurs, à ses inquiétudes. Mais ces études n'étaient point pour lui
un travail, c'était une tendance naturelle,
spontanée, irrésistible, à laquelle il s'aban-
donnait avec bonheur. Écrire était pour lui
une passion, dans la satisfaction de laquelle il
puisait une volupté véritable. Aussi cette passion l'entraînait-elle parfois à une sorte de
prolixité, mais, dans ce cas même, son style
avait toujours quelque chose de si vif, de si
ingénieux, de si délicat, qu'il semblait enchaî-
ner le lecteur. On peut dire sans craindre
d'exagérer que Félix Thyes était un de ces
écrivains primesautiers, si rares à notre époque, qui semblent deviner la langue, ou plutôt
la créer de nouveau. Il y avait en lui du génie
d'Amyot, de Montaigne, de Madame de Sévigné,
il y avait ce pur instinct de la forme, que l'on
ne rencontre guère de nos jours que dans
George Sand, et peut-être dans les *Heures de
prison* de Madame Lafarge.

Lui-même, du reste, ne s'en rendait pas
compte ; il attribuait à la bienveillance de ses
amis l'admiration qu'excitait ses lettres, et il
fallut tout le succès de l'*Essai sur la poésie*

luxembourgeoise pour lui faire soupçonner son talent.

Ce premier ouvrage, qu'il composa, au mois de janvier 1854, pour le premier volume de la *Revue trimestrielle*, était déjà la plus éclatante manifestation des qualités qui distinguaient si éminemment Félix Thyes : fraîcheur d'imagination, originalité de pensées, réflexions ingénieuses ou profondes, enthousiasme sympathique, verve entraînante, images vives et pittoresques, tournures neuves, hardies, piquantes ou gracieuses, tout donnait à cette composition un charme inexprimable. En lisant l'ouvrage on désirait connaître l'auteur, on s'intéressait à lui, on l'aimait déjà réellement.

Désormais plus sûr de lui-même, Thyes consacra les rares moments de loisir que lui laissait l'étude du droit à quelques essais littéraires de divers genres. C'est ainsi qu'il entreprit, pendant l'été de 1854, un roman et une comédie qui restèrent malheureusement inachevés.

Vers le mois de novembre 1854, au retour d'un voyage en Allemagne qui lui avait sans doute procuré des inspirations nouvelles, ou du moins mûri et développé une idée qu'il méditait depuis quelque temps, il se mit à écrire un nouveau roman, celui même que je publie aujourd'hui. Peut-être le travail forcé auquel il se condamna pour achever rapidement cette œuvre épuisa-t-il ses forces physiques ; peut-être aussi sa constitution, déjà complétement minée, ne se soutint-elle encore, pendant ce temps, que par l'énergie morale, par cette volonté indomptable dont il nous avait si souvent donné des preuves : à peine eut-il terminé son œuvre et l'eut-il lue à ses amis, qu'il se mit au lit pour ne plus se relever.

Félix Thyes mourut à Bruxelles le 8 mai 1855, à l'âge de 25 ans.

Quelques jours avant sa mort, se faisant encore illusion sur son état, mais croyant à une convalescence longue et difficile, il me demanda de m'occuper de l'impression de son roman et d'en soigner la publication comme je l'eusse fait pour moi-même. C'est ce dernier vœu que j'accomplis aujourd'hui, heureux de pouvoir faire connaître à la Belgique une œuvre qui comptera certainement, dans notre littérature, comme une des meilleures productions de ce genre.

EUGÈNE VAN BEMMEL.

MARC BRUNO.

PROFIL D'ARTISTE.

PRÉFACE.

—

La Belgique, pays d'art et d'industrie, offre ce singulier spectacle d'un peuple enthousiaste des grandes œuvres du talent et du génie, qui, —faute de confiance en lui-même, — accueille avec indifférence ou dédain les travaux de ses propres enfants. Bien loin d'encourager une jeunesse laborieuse et forte de sa foi, il faut, avant qu'elle croie à ses artistes, que l'étranger les proclame et les couronne. Ceci est vrai surtout en littérature. A tel point que c'est une chose hasardée, pour peu qu'on ait une carrière à faire, que de signer, chez nous, un ouvrage d'imagination.

Cela posé, à quelle fin la publication de ce pauvre petit volume sans l'appui d'un nom connu ou d'une coterie puissante? Aurions-nous la prétention audacieuse d'être plus heureux ou plus habile que d'autres, de réussir là où ils ont échoué? A Dieu ne plaise qu'une pareille pensée puisse venir à quelqu'un ! Nous ne sommes qu'un écolier plus nécessiteux des conseils du maître et de l'indulgence du public que désireux de quêter un succès. Ce petit livre, hâtivement éclos entre l'étude des pandectes et celle des cinq codes, fût tout aussi bien resté dans un coin quelconque, à l'état de manuscrit, si nous n'avions pensé qu'il pourrait, en sollicitant le jugement du public, nous éclairer sur notre propre compte. D'avance nous demandons grâce pour ses imperfections, promettant de ne pas récidiver s'il ennuie, de mieux faire s'il intéresse quelque peu.

D'ailleurs, disons-le tout d'abord : malgré sa forme un peu débraillée, ce roman n'en est pas tout à fait un : l'histoire y tient une aussi large part que la fiction. S'il est vrai que toute vérité renferme un enseignement, notre travail ne sera pas chose tout à fait frivole.

A l'égard du caractère que nous avons essayé d'esquisser, et afin d'expliquer le sens peut-être arbitraire que nous prêtons au terme *artiste*, qu'on nous permette quelques mots.

L'artiste n'est pas seulement celui qui compare, peint ou modèle. L'art n'est pas une science ; l'artiste n'est pas un exécutant. Ce pâle songeur qui regarde le nuage passer ; ce mendiant qui égrène son chapelet sous le porche des cathédrales ; cette femme qui faillit et qui pleure ; cet homme qui s'attriste sur un trône, sont artistes peut-être.

C'est que l'art est une faculté comme l'intelligence, comme le sentiment, comme la volonté, et qu'elle existe en l'homme, à son insu souvent, et malgré lui. L'idéal est son objet comme le vrai est celui de la pensée. Éclatante et merveilleuse faculté quand elle grandit sans entraves, mais misérable, et terrible, et maudite, quand, refoulée en elle-même, elle dépérit dans sa sève. Cette atrophie de l'art, considéré comme faculté, est une des maladies les plus douloureuses, les plus communes de notre époque, où tout contribue à augmenter le mal, sans qu'on en tienne compte. Des milliers d'hommes jeunes et forts en meurent tous les jours ; un plus grand nombre s'abrutit dans la résignation, cet opium de l'âme ; et la société elle-même, s'élançant vers l'avenir sans parvenir à se détacher du passé, se tourmente et s'agite, échangeant chaque jour ses plus belles espérances contre le plus sombre découragement.

C'est par l'art que l'homme touche à Dieu. L'art en effet, c'est la faculté de créer. Sa condition vitale, c'est l'indépendance. Enchaînée par une nécessité quelconque au-dedans de l'homme, cette faculté s'acharne contre lui pour le forcer à vaincre la nécessité. Si l'obstacle est le plus fort, c'est souvent l'homme qui périt. Chez la plupart, chez les plus misérables, cette lutte sans issue est l'histoire de toute leur vie.

La foule cependant, — artistes médiocres, cerveaux vides, frivoles ou ambitieux, cœurs lâches, volontés tenaces et avides, nullités de tous les étages, égoïsmes de toutes les formes, — la foule raille et conspue ces êtres souffrants. L'homme du comptoir ou du bureau agit d'après des règles déterminées, les mêmes toujours, expressions vulgaires du sens commun, c'est-à-dire négation de l'élan, de la fantaisie, de l'inspiration, de la poésie, de toute jeunesse, de toute passion. L'ornière est là, il la suit jusqu'au bout. Il fait comme tout le monde, et cela parce qu'il est tout le monde. La vie ne se révèle à lui que par le sens de l'utile et la notion du raisonnable. Au-delà de cet horizon terne et froid, il ne comprend, ne saisit, n'imagine plus rien. Cet homme-là, on le connait, on le jauge, on l'analyse avec une exactitude mathématique; on sait, à un millième près, les pulsations de sa poitrine et la température de son sang. C'est un être né pour boire, manger, dormir, procréer, gagner de l'argent, et qui met une conscience religieuse à se bien acquitter de ces fonctions qui expliquent toute sa vie. S'il est triste, c'est qu'elles se font mal; il ne connaît pas d'autres malheurs. Aussi est-il gros et gras, luxuriant de santé, folichon ou grave selon le tempérament, mais toujours satisfait de lui-même dès qu'il puise, dans le jeu régulier de ses muscles et de ses nerfs, ce trémoussement qu'il appelle le bonheur. Devenu vieux et riche, avec une grosse bedaine, un front chauve, une trogne joviale, il est envié, admiré, salué avec respect, et l'on dit : c'est un sage, c'est un heureux.

Mais l'artiste ! — Les mondes éternels du beau et du vrai vers lesquels cette divine puissance de l'art le transporte sans cesse, ce magique idéal qui se découvre à lui comme un mirage d'une autre vie, lui font prendre en dégoût la société conventionnelle des hommes, édifiée de mensonges et de monstruosités. Son existence est une transmigration continue de la vie positive dans la région des rêves. Retenu dans celle-là par les conditions de sa nature d'homme, entraîné vers celle-ci par des aspirations et des instincts supérieurs, il souffre de ces tiraillements en sens divers. Ces passages pleins d'angoisses et de déchirement ruinent son existence. La matière gêne, rétrécit, étouffe l'âme ; l'autre partie de lui-même est douloureuse au corps qu'elle contrarie et fait gémir. Celui qui exprime le mieux ce type fatal de l'artiste, c'est le *Faust* de Goëthe parce que chez nul autre cette lutte du réel et de l'idéal n'existe plus poignante. Et encore, ce n'est pas cela. Il y a dans Faust trop d'appareil et de mise en scène. Faust est un homme trop exceptionnel. La vraie souffrance a quelque chose de plus bourgeois, de moins drapé, de moins magnifique. Il ne faut pas que ces victimes d'une triste réalité s'appellent Dante, Léopold Robert ou Gérard de Nerval; il ne faut pas qu'elles aient le génie ou une grande infortune en partage; car cette inquiétude incessante du cœur et de l'intelligence, ce malaise singulier, ce mépris des jouissances d'ici-bas tiennent plus à un état social vicieux qu'à la valeur personnelle de l'individu.

Et c'est ici peut-être qu'apparaît le côté sérieux de ce livre qui n'a pas, du reste, la prétention de venir à l'appui d'un système. Nos mœurs, notre éducation publique tendent également à faire naître dans la jeunesse des besoins, des idées, des sentiments dont elle trouve rarement la satisfaction. A aucune époque, un aussi grand concours de circonstances ne s'est réuni pour exciter l'imagination des hommes et des peuples. C'est là une condition de civilisation et de progrès, nous le savons. Mais encore faut-il, pour empêcher que la société ne déraille, que les institutions soient dans un juste rapport avec le développement moral de l'individu.

Mais ceci est la grave affaire de l'homme d'État, et non celle du conteur. 1.

PROLOGUE.

LES COMMUNIANTS.

1.

La petite église était pleine d'encens, de soleil et de musique. Les graves officiants, vêtus de chasubles de pourpre et de dalmatiques brochées d'or, l'important magister et les clercs majestueux qui trônaient au jubé, puis, aux côtés de l'autel, deux rangées de beaux enfants, remplissaient l'église de recueillement et de prières. Une lumière douce, colorée par les vitraux de l'abside, assombrie encore par la rouge lueur des cierges, jetait, dans le sanctuaire, des ombres saintes, des reflets mystérieux. Derrière la rampe en vieux chêne sculpté qui fermait le chœur, se pressait, agenouillée sur les dalles, la foule endimanchée, bariolée, confuse, blondes têtes et crânes chauves, avec ses sourires et ses larmes, ses guenilles et ses parures.

C'était le dimanche de Pâques fleuries. Ce jour-là, c'était fête dans toutes les maisons de Fonté, fête à l'église, fête à la ferme comme à la chaumière : c'était le jour de la première communion.

Pour notre génération qui marche dans l'attente d'un Messie social, qui oublie vite, dans les grandes préoccupations de l'avenir et dans des luttes pénibles, le bonheur des jeunes années, ce jour ramène encore des réminiscences pleines de poésie et de doux élans. Une religion qui s'adresse à l'enfance par de merveilleuses légendes et par des cérémonies empreintes à la fois de pompe et de sentiment, ne laisse pas de jeter, dans les âmes, des souvenirs dont l'inflexible raison d'un autre âge enlève rarement toute la douceur. Ceux-là mêmes qui ont abjuré une croyance qui s'impose et prétend tout dominer dans l'homme et dans la société, ne peuvent méconnaître ce charme qui est sa plus grande force. Tous, tant que nous sommes, nous nous rappelons, avec une joie pure, ce jour où nos mères ont béni nos fronts candides en les couvrant de larmes et de baisers; tant que nous sommes, railleurs et croyants, nous sentons, dans nos poitrines viriles, tressaillir nos cœurs réveillés, lorsque passent les communiantes au sourire d'ange et les communiants au regard sérieux et calme.

La petite église était pleine d'encens, de soleil et de musique. Les enfants rangés devant l'autel priaient, mains jointes et genoux ployés. La voix grave de l'orgue avait ce jour-là une douceur mélancolique qui éveillait dans les cœurs des hymnes ravissantes. Il y eut un moment où un saint frémissement courut dans cette assemblée recueillie. Beaucoup pleuraient. Le vieux magister lui-même sentait sa voix s'enrouer et des larmes couler derrière ses lunettes bleues. Et les mères ! on les voyait, dans la foule, radieuses et consolées de toutes leurs souffrances, adresser au ciel des regards reconnaissants et couver des yeux, avec une tendresse jalouse, ces innocents que Dieu visitait.

Oh! vous aviez raison, prêtre : une bonne première communion sauvegarde la vie entière. Vous aviez raison, car si la divinité était indifférente aux ardentes supplications des mères, aux bénédictions de la foule, aux harmonieux accords de ces jeunes âmes qui la cherchent, il faudrait tout nier.

— Mais voyez, se disait-on dans l'église, comme la petite Marie est pâle; on dirait qu'elle tremble sur ses genoux.

— Regardez donc le petit de la dame Bruno: pauvre cher enfant! Sa mère l'a habillé tout de neuf bien que, depuis la mort de son mari, la brave femme n'ait pas tous les jours du feu sous le pot.

Le petit de la dame Bruno était un enfant frêle, un peu malingre. Son habit neuf était trop large ; ses gants trop longs appartenaient peut-être à une sœur aînée. Sa chemise était de grosse toile. Des traits pâles, irréguliers, mais expressifs, de grands yeux déjà pleins de pensées, de longs cheveux, dans la démarche quelque chose de lent et de heurté à la fois, attiraient l'attention sur lui.

La petite Marie était angéliquement belle avec son long voile blanc, sa couronne de fleurs qui ceignait sa tête comme une auréole. Ses cheveux blond cendré encadraient un frais et doux visage. Une expression indéfinissable, mélange d'extase, de souffrance, de religieux bonheur, lui donnait quelque chose d'éblouissant. On eût dit qu'un chérubin chantait dans son âme et qu'elle écoutait cette voix du ciel avec un muet ravissement.

— Mais voyez, disait-on à l'église, comme la petite Marie est pâle !

— Jésus, mon Dieu ! le cher ange est malade !

— Où donc est sa mère ?

— Soutenez l'enfant ! elle chancelle !

— Ah ! mon Dieu !...

Au moment où les communiantes revenaient de la sainte-table, l'une d'elles, affaiblie sans doute par le jeûne et des émotions trop fortes, s'affaissa sur elle-même. Il y eut une grande rumeur dans l'église ; mais, avant que personne n'eût songé à secourir l'enfant, le petit de la dame Bruno s'était élancé en criant, et l'avait relevée... Presqu'au même instant, il tombait lui-même à côté d'elle sans connaissance.

La dame Bruno avait couché son fils et se tenait près du lit, anxieuse et pensive. La chambre, blanchie à la chaux, ouvrait son unique fenêtre sur un étroit jardin où verdissaient des groseillers précoces. On découvrait une partie du village et de grandes prairies que traversait un ruisseau bordé de haies.

Sur le rebord extérieur de la croisée, de grandes marguerites et des violettes odorantes, baignées par les tièdes rayons du soleil couchant qui éclairait aussi le front du malade, s'éveillaient au printemps dans des pots de terre rouge.

Madame Bruno était une femme de trente-huit à quarante ans, belle encore. Elle avait une figure intelligente et douce, un peu creusée par les soucis, de longs cheveux noirs dont les magnifiques bandeaux mêlés déjà de quelques blancs rayons enveloppaient son front et ses joues pâles.

Elle tenait la main amaigrie du malade, et une larme perlait dans ses yeux émus.

— Écoute, Marc, disait-elle, le bon Dieu veut qu'on dise bien tout à sa maman, n'est-ce pas ?

Un mélange de timide candeur et d'une sorte de frayeur inavouée troubla le regard étonné de Marc.

— ... Qu'on lui dise bien tout ; car lorsque l'enfant est content, sa mère est heureuse, et lorsqu'il souffre, elle souffre aussi. Un enfant qui ne dirait pas tout à sa mère n'aimerait pas sa mère ; les anges se détourneraient de lui ; il serait dans le monde comme un maudit ; toutes les bénédictions le fuiraient. Oh! il serait bien malheureux celui qui n'aimerait pas sa mère !

— Chère bonne maman, je sais bien que je t'aime beaucoup car je suis bien heureux.

Et, réunissant ses mains mignonnes derrière le cou de sa mère, il l'embrassait, et dans ses grands beaux yeux bleus se voyait le fond de son âme candide.

— Est-ce bien tout à fait vrai ? Es-tu bien sûr, mais bien sûr, d'être content toujours, toujours heureux comme maintenant ? répondit la mère en séparant, avec mille précautions, les cheveux emmêlés de cette gentille tête souffrante. Est-ce que tu n'as jamais de chagrins que tu ne veux pas dire pour ne pas me faire de la peine ? Quelquefois je te vois les yeux rouges, et tu n'avoues pas que tu as pleuré ; quelquefois tu restes au jardin tout seul ou dans ta chambre pendant que les autres t'attendent ou te cherchent pour jouer. Tu vois donc bien, dit-elle avec une câlinerie charmante et en l'embrassant encore, tu vois donc bien que tu viens de faire un gros, gros mensonge, et que tu n'aimes pas ta maman du tout.

— Ah! maman ! dit-il en rougissant, tu sais bien pourtant que je t'aime !

— Tu sais bien pourtant que tu es souvent chagrin sans que je sache pourquoi! Cher enfant, écoute : relève la tête et n'aie pas honte ainsi de tes bons sentiments. Voyons, tu es triste quelquefois, parce que tu es seul, n'est-ce pas, dans la maison? parce que tu n'as pas de frère, pas de sœurs, comme les autres, n'est-ce pas? Si tu avais une chère et douce sœur qui t'aimât bien, ne serais-tu pas plus content?

En ce moment un gazouillement de jeunes filles joueuses, s'éleva au dehors. La mère de Marc alla vers la fenêtre et vit, dans le jardin de la maison voisine, des communiantes en robes blanches et couronnées de fleurs courir et folâtrer au soleil. Au pied d'un grand poirier rameux, une femme âgée était assise sur un banc. Elle berçait dans ses bras, avec une tendre inquiétude, une des communiantes. La tête appuyée sur le sein de sa mère, l'enfant paraissait sommeiller; mais de temps à autre elle entr'ouvrait les yeux pour suivre les jeux de ses compagnes.

La dame Bruno revint près du lit :

— Veux-tu voir, dit-elle?

Et elle roula la couchette près de la fenêtre ; puis, soutenant Marc, elle lui montra le jardin et les enfants.

Une subite rougeur empourpra la figure et le cou de Marc.

— Marie! ô mon Dieu ! malade !

— Eh bien, oui! c'est Marie, Marie Duval qui a faibli ce matin à l'église, et que tu as voulu soutenir comme elle tombait. Quant à sa maladie, ce n'est qu'un peu de fatigue qui aura disparu demain. N'est-ce pas qu'elle a l'air doux, Marie, et bien sage?

— Oh ! oui, mère ! dit-il d'une voix étouffée.

— Et que tu voudrais bien avoir une sœur douce et sage comme Marie Duval? Et qu'alors tu ne serais plus triste, et que tu aimerais mieux ta maman, et que tu ne lui cacherais plus rien?

L'enfant pleurait à sanglots. Sa mère l'enveloppa d'une couverture et l'assit sur ses genoux. Puis elle lui dit à l'oreille, en le berçant comme un nourrisson, de tendres et magiques paroles qui le calmèrent peu à peu. Et quand elle eût cessé de parler, épuisé par cette violente secousse nerveuse, il s'était endormi et souriait à quelque bel ange qui le visitait en rêve.

PREMIÈRE PARTIE.

—

MARC BRUNO.

I.

Donc il s'appelait Marc Bruno. Il était mon ami. Un jour que nos deux cœurs s'étaient rencontrés dans une même vénération pour une chose que le monde avait en horreur, en indifférence ou en mépris, nous nous étions spontanément donné la main. Depuis, nous nous sommes toujours aimés. Il était d'un village lointain; il étudiait la médecine à l'université de Bruxelles; il avait vingt-deux ans.

Il n'était pas beau. Sa tête portait les sombres sillons de la pensée et de la souffrance. L'enthousiasme déçu avait assombri son front et buriné autour de ses lèvres sceptiques un triste sourire. Sa taille était haute mais débile. Ses manières étaient élégantes avec simplicité, aisées, franches comme celles d'un homme qui n'emprunte au monde ni la grâce du corps ni la distinction de l'esprit. Ses paroles, ses gestes étaient lents avec noblesse, ou passionnés dans leur précipitation. Il y avait des élans nerveux dans chacune de ses actions. Sa voix un peu rauque, désagréablement saccadée, acquérait, dans l'animation du discours, une ampleur, une pureté sonore, une éloquente onction qui venait tout entière du cœur et qu'on s'étonnait de découvrir en lui.

C'était un caractère étrange. Parfois il semblait s'affaisser sur lui-même, au moral comme au physique. Sous l'influence de ce spleen, une sorte de morne bien-être s'emparait de lui. Sa sensibilité devenue léthargique accueillait, avec une égale indifférence, la douleur et la joie. Rien d'extérieur ne régnait plus sur ses facultés qui semblaient engourdies. Cette apathie profonde n'était pas un vice originel : c'était la fatigue et le découragement qui

suivent de longues et vaines espérances. Car,
dans d'autres moments, l'enthousiasme des
grandes et belles choses échauffait son cœur
et le remplissait d'une sève abondante et gé-
néreuse. Ouverte à toutes les nobles inspirations, douée de tous les instincts élevés, son
âme bouillante enfantait de chaleureuses pensées et s'élançait au-dehors en jets éblouis-
sants. L'étude et les émotions trompées avaient
affaibli sa santé. Si, dans ces heures de découragement et de maladie, une femme fût
venue qui eût reçu, dans son sein dévoué,
l'épanchement de ses souffrances aigries dans
la solitude, Marc, se retrempant au feu d'un
amour digne de lui, fût peut-être devenu un
grand homme.

Car c'était une intelligence splendide qui
illuminait tout ce qui ressentait son contact.
Il était artiste, il avait cet élément créateur
qui est le principe d'initiation de l'esprit hu-
main ; il avait la volonté inflexible, absolue,
persistante ; mais, forte dans les choses capi-
tales, elle était molle, capricieuse dans les détails et soumise aux errements de la fantaisie.
Pour que cette puissance virtuelle pût se dé-
velopper, il eût fallu que les exigences du

cœur fussent satisfaites; refoulées en lui-
même, ces facultés précieuses travaillaient à
sa propre destruction.

Il y a des hommes qui, dédaignant le passé,
vont droit à l'avenir qu'ils interrogent d'un
regard hardi. Marc avait leur coup-d'œil
exercé, mais il se complaisait aux souvenirs
de son enfance. Son âme un peu cachée, un
peu pudique, un peu renfermée, se dilatait
dans les douceurs de l'amitié. Il disait alors,
avec cette souveraine ironie qui sculptait si
finement son fier visage, les rêves ambitieux
de son adolescence et ses désirs fougueux; il
parlait de sa mère qu'il avait tant aimée; il
parlait de son village, de son enfance, de la
forêt mystérieuse et frémissante; il parlait d'un
amour qui avait devancé l'âge. Il n'avait pas
oublié Marie. Parfois son amertume se fondait
en larmes, comme il arrive aux hommes souvent désillusionnés qui s'efforcent de se ratta-
cher à une espérance d'autant plus chère
qu'elle est plus vague ou plus folle.

II.

Marc en était arrivé au moment où le jeune homme, ayant embrassé, du moins par la pensée, le cercle entier de la vie, se replie sur lui-même avec une secrète angoisse. Il en était arrivé à cet instant à la fois suave et douloureux où le doute est encore la foi, et où le cœur, se rebellant contre les faits acquis, veut, en dépit du joug de l'évidence, réaliser ses hautes et légitimes prétentions. Dans cette lutte déchirante quelques-uns restent forts et vaillants jusqu'au bout : brisés et mourants, ils proclament une espérance héroïque ; d'autres, natures lâches et molles, désespèrent dès l'abord et revêtent, comme une cuirasse, le suaire de la résignation. Mais pour la plupart c'est un long supplice de toutes les heures. L'âme bouillonne ; elle se débat sous l'étreinte de la fatalité ; ses gémissements s'exhalent tantôt en prières, tantôt en imprécations. Elle écume, et suinte une ironie mordante. C'est une agonie pleine de volupté et de souffrance où le râle s'élève jusqu'à l'hymne et où le chant s'éteint dans les sanglots.

Marc n'était pas un de ces jeunes hommes blonds et incompris qui font du sentiment un vêtement de parade ou un objet de spéculation. Ce n'était pas un de ces êtres sots et vaniteux qui se posent en héros de romans parce qu'ils ont des yeux bleus, un air pâle et rarement la conscience de leur mesquine valeur. Ce n'était pas non plus un homme mou à l'encontre des obstacles, pliant sous l'adversité, comme le roseau sous le vent. Marc était tout simplement un homme d'intelligence dont, pour son malheur, l'enfance avait été soustraite à la commune discipline, et qui, parce qu'il était pauvre et qu'il avait trop d'imagination, d'indépendance et de cœur, subissait les misérables conséquences d'une organisation sociale vicieuse.

III.

Marc recevait une modique pension d'un vieil oncle retiré au fond d'un village des Ardennes. Ce parent n'était pas marié et jouissait d'une belle aisance. Madame Bruno, sa sœur, ayant épousé un homme sans fortune, le rancuneux vieillard ne lui pardonna jamais ce qu'il appelait une mésalliance, et Marc s'en ressentit toujours. A son lit de mort, madame Bruno supplia le vieillard de pardonner à l'enfant en faveur de son innocence et du malheur de la mère. Mais l'oncle avait une gouvernante, et les allures trop libres de Marc lui déplaisaient. Cependant, comme le monde l'eût ouvertement blâmé d'abandonner Marc dans un âge aussi tendre, il lui fit provisoirement une pension, sous la condition expresse que le jeune homme ne se présenterait jamais devant lui, qu'il ne lui écrirait même pas. L'oncle exprima en outre très-catégoriquement son intention de ne pas lui laisser la moindre parcelle d'héritage.

Avant la mort de madame Bruno, Marie avait déjà quitté Fonté avec ses parents. Les enfants n'avaient pas quatorze ans à l'époque de cette séparation. Vers l'âge de dix-huit ans, Marc, qui, jusque-là avait mené une vie peu laborieuse, courant les champs, dessinant, braconnant un peu, se faisant renvoyer du collége pour avoir lu des romans, laissant aller sa pensée à tous les caprices de l'imagination, se prit tout à coup d'une grande ardeur pour l'étude. Il travailla deux ans, jour et nuit, sans aide et presque sans conseils. L'excès du travail le fit tomber malade. Dès son rétablissement, il vint à Bruxelles où il passa son premier examen et prit une inscription aux cours de la faculté de médecine.

UNE LARME POUR UN SERIN MORT.

IV.

Voilà ce qu'était Marc : une nature forte et déjetée, magnifique mais souffrante, qui s'étiolait dans un milieu malsain ; une créature inhabile à s'installer commodément dans le moule social ; un être vigoureusement constitué pour le bonheur, pour le bien, et qui usait contre lui-même, avec un acharnement voluptueux, de forces puissantes mais indociles au frein des conventions, des préjugés et d'une bourgeoise raison ; un de ces hommes enfin qui, séduits par les dangereux attraits de l'idéal, s'isolent trop du monde positif pour pouvoir jamais être heureux.

Il habitait, chez un marchand d'estampes, une petite chambre artistement meublée. Son propriétaire s'appelait M. Birnbaum. C'était un Allemand d'origine, excellent homme au fond, de cette bonté pourtant qui tient aux mœurs plutôt qu'elle ne vient du cœur. Esprit gascon, singulièrement original et maniaque, hâbleur et grotesque, il avait la finesse d'un paysan usurier et la gaucherie prétentieuse d'un petit parvenu. M. Birnbaum avait puisé, dans le commerce des artistes et des gens du monde qui visitaient ses magasins, des idées qui, mêlées aux siennes, formaient le plus singulier bariolage. Son langage masquait sa pensée comme un habit de carnaval. Cette incohérence et cette confusion charivaresque des idées, relevées encore par une prononciation germanique et un fort zézaiement n'étaient pas tout à fait involontaires peut-être ; car elles venaient souvent en aide au brocanteur, dans ses transactions commerciales, où il faut savoir se dédire quand on veut, et ne s'expliquer qu'à demi.

C'était, du reste, un homme gros et court, très-remuant, très-affairé, se rendant volontiers nécessaire. Indifférent aux souffrances d'autrui, égoïste inoffensif par prudence et inertie plus que par calcul ou par instinct, il se fût abstenu plutôt que de faire le mal. Il s'était pris d'amitié pour son locataire du troisième, non par entraînement, mais influencé par ce sentiment vulgaire naïvement habile qui porte les sots à protéger les gens d'esprit. Il était parfaitement bon pour lui et ne mettait pas trop d'ostentation à lui rendre mille petits services.

Ainsi, M. Birnbaum avait connu la pauvreté visible d'ailleurs de l'étudiant et deviné les privations qu'il s'imposait. Il avait longtemps cherché le moyen de lui venir en aide, car il n'était pas dépourvu d'une certaine générosité qui, quoique vaniteuse, n'en était pas moins réelle. Mais la dignité simple de Marc lui imposait trop pour qu'il eût osé lui offrir des services directs.

Un jour, il eut une idée. Il monta chez l'étudiant qu'il trouva achevant un petit tableau de fantaisie.

— Bonjour, monsieur Bruno. Ne vous dérangez pas. Ah! vous peignez! Je vous apportais, en passant, un peu de mouron pour votre volière. Tiens, il ne chante pas, votre linot! il a l'air tout triste. Qu'est-ce que c'est que vous peignez donc là? Mais c'est que c'est beau, cela, très-beau, monsieur Bruno! Voyez-moi ce coloris, cette touche large, ce dessin élégant et correct; c'est charmant, en vérité. Ah! mais, dites donc, vous faites comme cela d'aussi jolies choses pour vous tout seul?

— Et pour qui donc voulez-vous que ce soit?

— Mais pour le public, parbleu! pour moi, par exemple. Et d'ailleurs, pourquoi pas? Voilà certainement une toile que je me charge de vous vendre cent francs, pour le moins.

— Oui, en vérité?

— Je sais bien qu'elle vaut davantage; mais enfin les amateurs sont si rares maintenant! et puis pour commencer! D'ailleurs, on la vendrait peut-être mieux. Le tout c'est d'essayer. Voulez-vous la mettre à ma vitrine?

— Je ne refuse pas votre offre. Je ne suis pas riche, comme vous savez, M. Birnbaum. Seulement, je ne tiens pas à être connu, vous comprenez

— Cela va sans dire... Mais c'est qu'il est

tout à fait gentil, ce tableau ! Tenez je n'avais jamais apprécié votre talent aussi nettement qu'aujourd'hui. Je vendrai cela à la baronne Mathilde de Bourgaup, une bien jolie fille pour une baronne, allez ! Savez-vous, mon cher M. Bruno, que vous avez bien tort de faire de la médecine au lieu de peindre ?

— Et pourquoi le vendrez-vous à la baronne Mathilde de Bourgaup plutôt qu'à tout autre ?

— Ah ! voilà ! Vous ne connaissez pas la baronne ? c'est vrai, vous ne connaissez pas ce monde-là, vous ! Eh bien, c'est que la baronne est une véritable artiste, qui a des millions, et que je lui fais acheter tout ce que je veux. Elle ne se décide pas sans prendre mon avis. Je vous la montrerai. Mais non, je ne vous la montrerai pas. Vous pourriez en devenir amoureux et il me serait peut-être plus difficile de lui faire prendre, à mon gré, un mari qu'un tableau.

Et M. Birnbaum souriait avec suffisance en boutonnant sa redingote, et disait entre ses dents :

— Cependant, il faudrait voir....

« C'est une bien excentrique personne, continua-t-il plus haut. Mais, d'abord, elle est charmante. Elle petille d'esprit. Pas de prétentions cependant , non, Monsieur, pas la moindre. Simple, naturelle, timide comme une pensionnaire, un vrai petit trésor de femme. Si j'avais un fils, il l'épouserait, dit le brocanteur avec un sérieux imperturbable en remuant l'argent dans son gousset.

Marc, occupé à son chevalet, écoutait en souriant.

M. Birnbaum continua :

« Quand je dis excentrique, il faut bien nous entendre. Elle n'est pas excentrique à la façon de la duchesse de Galwart, de lady Hackmont ou bien comme la Camilla. Non pas. Elle ne monte pas le moins du monde à cheval, ne conduit pas, ne fume pas, ne chasse pas, ne jure pas, ne crache jamais. Elle ne va même pas au bal. Mais c'est une petite fée qui a jeté au vent les lisières de tous les préjugés de sa condition. Elle emmaillotte son bonhomme de papa à sa fantaisie, mais la vieille baronne lui fait peur comme un hibou. Elle ne le dit pas, mais on a des oreilles pour entendre et des yeux pour voir... Ah ! voilà Jeannette qui m'appelle. Oui, je viens, cria-t-il par la porte —

achevez cela pour demain, M. Bruno. Je viens,
je viens Jeannette. »

Et il descendit l'escalier, quatre à quatre,
emportant, par inadvertance, le mouron qui
avait servi de prétexte à sa visite.

Quelques jours après, le tableau de Marc
figurait à la vitrine de M. Birnbaum.

C'était une composition simple et touchante :
Une jeune fille était assise auprès d'une table.
Elle était pâle, souffrante ; elle avait les yeux
fiévreux, gonflés et rougis par les larmes ; elle
était à peine vêtue. Le lit était défait. On comprenait que c'était une pauvre malade qui,
poussée par une pensée soudaine, s'était levée
en toute hâte, sans aide et sans précautions.
Ses traits purs et fins rappelaient vaguement
ceux de Marie. Un froid soleil d'hiver, entrant
par la fenêtre de la mansarde, éclairait de ter-
nes rayons la main et le cou amaigris de la
jeune fille. Sur le rebord extérieur de la croisée on voyait de la neige, mais il n'y avait pas
de feu dans la cheminée. La malade tenait
dans la main un oiseau mort qu'elle regardait
avec un douloureux attendrissement. Il y avait,
sur la table, une cage ouverte ; sur une chaise
de bois, auprès du lit, une pauvre robe d'in-

dienne et une fiole de médecine. Une vierge
en plâtre, encadrée de rameaux bénits, sur-
montait le lit. C'était tout.

LA POMME D'ÈVE.

V.

La jolie Mathilde venait d'entrer dans son atelier. Elle portait une robe de chambre de cachemire blanc bordé de larges bandes bleues ; elle était charmante ainsi avec ses longs cheveux bruns tressés sur les épaules et cette fraîcheur matinale d'une jeune fille qui vient de se lever.

L'atelier était une vaste pièce voûtée qui attenait, d'un côté, au salon de Mlle de Bourgaup, et qui communiquait de l'autre avec une serre par une large porte vitrée. C'était un véritable atelier de peintre avec des murs crayonnés de caricatures, des toiles sans cadres, des armes, des étoffes précieuses, des bustes, de vieux meubles ; mais il y avait des fleurs partout.

Mlle de Bourgaup s'arrêta devant son chevalet sur lequel un domestique venait de placer avec précaution le tableau de Marc que M. Birnbaum apportait *en option* à sa noble pratique. La jeune baronne l'examina longtemps avec émotion ; elle sentit que cette œuvre n'avait pas été faite seulement pour la vente. La composition, le dessin, le coloris, abstraction faite même du sentiment et de l'idée, annonçaient un talent réel.

Elle sonna.

— Louise, dit-elle à la jeune fille qui vint, voyez donc, je vous prie, si c'est M. Birnbaum qui est venu, et s'il n'y est plus.

Louise rentra un instant après avec M. Birnbaum.

M. Birnbaum, le chapeau sous le bras, les talons rapprochés en homme qui sait son monde, s'inclina profondément.

— Bonjour, bonjour, M. Birnbaum. Je suis

contente de vous voir. Quel joli tableau vous
m'avez apporté là !

— Mademoiselle la baronne m'excusera si
j'ai pris la liberté de la déranger à ce propos.
Mais j'ai pensé que cette toile lui plairait peut-
être, et je suis venu...

— Mais, oui, vous avez bien fait. Je vous
remercie. Certainement j'achète votre tableau.
Cette tête est d'une expression admirable... Les
couleurs sont à peine sèches !

— Oui, il est terminé depuis quelques jours
seulement.

— De qui est-il ?

— Le peintre n'a pas voulu signer, Mademoiselle.

— Et pourquoi donc n'a-t-il pas voulu signer
une aussi jolie œuvre ?

— C'est un secret que vous me demandez-là.

— En vérité ! Et c'est un bien grand secret,
mon bon M. Birnbaum ?

— Hum ! je ne sais pas trop.

— Voyons, M. Birnbaum, un marchand de
tableaux n'est pas tenu d'être discret comme
un confesseur.

— Non, mais...

— Est-il intéressant, votre secret ?

— C'est-à-dire... intéressant, oui.

— Eh bien, dites-le moi.

— Mais si je vous le disais, Mademoiselle la baronne, permettez-moi de vous faire observer que le secret n'en serait plus un.

— Ce n'est pas joli, ce que vous dites là, M. Birnbaum. Si je vous en croyais, je serais une grande bavarde. Mais laissons cela, dit-elle d'un air boudeur. Combien vendez-vous ce tableau?

— Mademoiselle la baronne sait que je lui suis entièrement dévoué. Le jeune homme qui a fait ce tableau...

— C'est un jeune homme?

— Mais oui, Mademoiselle.

— Prenez garde, M. Birnbaum, vous vous trahissez.

— Mademoiselle la baronne veut rire sans doute. Quand j'ai dit que c'était un secret, j'ai voulu dire que c'en était un pour le public. Je suis d'ailleurs convaincu que le peintre n'a aucun motif de garder pour vous l'anonyme qu'il désire garder pour tout le monde.

— M. Birnbaum, je ne vous comprends pas.

— Pour vous ou pour tout autre amateur

distingué. Je vais m'expliquer, si vous le permettez.

— Oui, si c'est amusant ; sinon, non, dit la jeune fille avec un léger sourire.

— Mais vous me promettez de n'en parler...

— A personne. Il est convenu que j'aurai autant de discrétion que vous-même.

— Mademoiselle la baronne, ayez-en davantage. Il faut donc vous dire que j'ai pour locataire un étudiant qui est à la fois le meilleur cœur et l'esprit le plus original qui soit au monde. Je n'ai jamais rien su de sa famille. Il est pauvre, et j'ai cru lui rendre service en offrant de placer ses tableaux, car il est peintre distingué, comme vous voyez.

— Et ceci est de lui, demanda Mathilde avec intérêt ?

— Oui, Mademoiselle. Et je puis bien vous raconter maintenant comment lui est venue l'idée de cette composition. Ce jeune homme, voyez-vous, s'est tué la santé sur les livres. Au lieu de chercher le plaisir et la gaieté comme font les autres, il reste chez lui ou va se promener tout seul dans la campagne. Puis, entre nous, je lui crois un chagrin qu'il cache. Tout cela fait qu'il est maladif, qu'il ne dort pas, qu'il a la fièvre très-souvent. Or, il avait un serin familier qu'il affectionnait beaucoup. Cet oiseau était vraiment une gentille petite bête qui ne mangeait que de sa main, ne chantait que quand il était là. Il n'y avait pas à craindre que le serin ne s'envolât, portes et fenêtres ouvertes. Mais il arriva que M. Bruno, —il s'appelle M. Bruno, — dut garder le lit pendant une quinzaine de jours, qu'il eut le délire et qu'on oublia l'oiseau qui mourut de faim.

—Oh! mon Dieu! s'écria la jeune fille attendrie, qui comprenait combien cette perte devait être sensible à un homme souffrant et isolé.

— Il paraît qu'il eut beaucoup de chagrin de cet accident, car c'est la seule fois que je l'aie vu en colère. Ce qui, soit dit en passant, n'en valait certes pas la peine; mais enfin c'était une idée à lui. A peine rétabli, il fit le tableau que vous avez là.

Mlle de Bourgaup comprit toute la pensée de l'artiste. En conservant l'idée dramatique, le sentiment intime, il avait pris soin de dépouiller son œuvre de tout caractère personnel.

— J'ai eu l'honneur de vous dire qu'il est sans fortune. Il n'en est pas moins fier pour cela, et il n'a pas honte d'avouer sa position. Parmi les jeunes gens avec lesquels il est en relation d'amitié, il s'en trouve qui appartiennent à de riches et nobles familles, il y en a qui sont plus pauvres que lui. Eh bien, il est le même pour tous, et tous paraissent l'aimer également. Figurez-vous qu'un jour il revint à la maison avec un marmot laid, sale, déguenillé qu'il avait trouvé courant les rues avec un singe sur l'épaule. C'était un petit Savoyard qui avait perdu son père et qui pleurait parce qu'il avait faim et froid. M. Bruno voulut le garder avec lui. Quand je vis cela, moi, je lui déclarai net que je ne voulais pas de cette vermine-là dans ma maison. Il ne dit rien, sinon qu'il renonçait à sa chambre. Comme je l'aimais réellement, je fus contraint de le laisser faire.

— Ce bon M. Birnbaum ! Et que fit-il du petit?

— Il le soigna, le chauffa, le nourrit, l'habilla, lui apprit à lire, lui donna la moitié de sa chambre ni plus ni moins que si c'était son frère. Tout allait pour le mieux, et j'étais fort content de lui avoir passé sa fantaisie, car on eût dit que ce va-nu-pieds lui avait apporté la santé et la joie. Mais voilà qu'au bout de quatre ou cinq mois ce fut le tour de l'enfant à devenir malingre et triste. Il maigrissait à vue d'œil, et, un beau matin, le petit ingrat, ayant rencontré d'autres vauriens de son espèce qui retournaient au pays, voulut partir avec eux. Cela fit bien du mal à M. Bruno, car il s'était attaché à ce marmouset.

— Et il l'a laissé partir ?

— Oui, sans colère aucune. Il a vendu des livres et sa montre pour lui faire un trousseau et l'a conduit par la main jusqu'à la porte de la ville. Seulement, quand il est revenu, une fois dans sa chambre, il a pleuré qu'on l'entendait d'en bas.

— Et qu'a-t-il fait après, demanda la jeune fille vivement émue ?

— Rien ; il a vécu comme auparavant, travaillant davantage peut-être. Il était plus souvent malade, bien qu'il ne se plaignît jamais.

La jeune fille examinait toujours la toile pour cacher sa préoccupation. Elle avait instinctivement deviné, dans le jeune peintre, un caractère noble et indépendant en lutte avec l'adversité, un esprit original et distingué, de grandes souffrances supportées dignement. Son émotion la gênait ; elle avait honte de sa curiosité.

— Tout cela est fort singulier, dit-elle.

Elle parla d'autre chose. Puis, au moment de congédier le brocanteur, elle lui dit comme en se ravisant :

— Mais, j'y songe, M. Birnbaum. Ce tableau fera très-bien dans mon boudoir. Je le mettrai à droite de ma bibliothèque ; il trouvera là sa place toute faite. Mais, alors, il me faut le pendant pour mettre près de la fenêtre. Voyez donc, je vous prie, si votre protégé voudrait entreprendre ce nouveau travail.

Elle fit un gracieux signe de tête au brave homme qui sortit à reculons avec toute la gravité d'un régisseur de théâtre.

LE PENDANT DU PREMIER TABLEAU.

VI.

De retour chez lui, M. Birnbaum grimpa
jusqu'au troisième étage avec une vivacité de
jouvenceau. Sans frapper, il poussa violem-
ment la porte de Marc. L'étudiant, accoudé
sur l'appui de la croisée ouverte, fumait un
cigare en regardant fuir les nuages.

— Victoire ! triple victoire ! Mais victoire,
vous dis-je, cria-t-il plus fort en voyant le jeune
homme le regarder avec étonnement... Mais
quand je vous dis qu'il est vendu, votre tableau, et bien vendu, morbleu !

Et il jeta triomphalement deux billets de banque sur la table.

— Comment, vendu ?

— Mais oui, vendu ! Voilà bien de quoi s'étonner ! archivendu, enfin ! vous doutiez donc de votre talent et de mon habileté ? Et à qui encore ? Devinez, si vous pouvez, à qui je l'ai vendu. Je vous le donne en mille, en cent mille.

— A la baronne Mathilde de Bourgaup, peut-être ?

— Tiens, dit M. Birnbaum tout ébahi, comme vous devinez, M. Bruno ! Après tout, cela n'y fait rien. Le fait est qu'elle l'a acheté, payé, et qu'elle le trouve charmant.

— Oui, en vérité !

— Au point que lorsque je lui eus raconté...

— Qu'est-ce que vous avez raconté, M. Birnbaum ?

— C'est-à-dire... M. Bruno, vous comprenez que je n'ai rien raconté du tout... puisque vous ne le vouliez pas. Mais quand je lui eus expliqué — c'est expliqué que j'ai voulu dire — le sujet du tableau, elle avait... ma foi, je crois qu'elle avait les larmes aux yeux.

— Les larmes aux yeux ?

— C'est ainsi. Elle a si bon cœur cette chère baronne ! Puis, tenez, sans flatterie, le tableau est joli.

— Et, dit Marc après un instant d'hésitation, et la baronne ne s'est pas enquise du...

— Du peintre ? Non, dit sèchement M. Birnbaum.

Marc eut un mouvement d'humeur ; mais il regarda le marchand en face et sourit.

— Tenez, vous êtes un brave et excellent homme, M. Birnbaum, dit-il, en lui tendant la main, et je vous remercie de tout mon cœur.

— Ce n'est pas de cela qu'il s'agit. Voyons, devinez un peu, vous qui devinez si bien, quelle bonne nouvelle je vous apporte encore ?

— Comment, encore une bonne nouvelle ?

— Oui, devinez.

— Mais, je ne sais pas.

— Parbleu ! si vous saviez, il ne faudrait plus deviner !

— Voyons : la baronne me nomme son peintre particulier, dit le jeune homme en riant.

— Tiens ! fit M. Birnbaum, et il resta immobile, la bouche et les yeux grands ouverts.

— Ce n'est pas cela? dit Marc toujours riant.

— C'est presque cela.

— Bah! et quoi donc?

— Elle vous demande un second tableau.

— Elle me demande un second tableau? la baronne?

— Le pendant du premier.

— Le pendant?

— Oui.

— Mais, c'est impossible, M. Birnbaum.

— Comment! vous doutez de votre talent quans je l'affirme, quand je l'atteste, quand je le proclame, moi l'oracle des artistes, moi qui vous ai révélé à vous-même. Oh! ce n'est pas bien, M. Bruno, ce n'est pas bien.

— Mais enfin...

En ce moment une voix aigre-douce cria du bas de l'escalier :

— Monsieur! monsieur!

— J'y suis, Jeannette — cette maudite Jeannette! mettez-vous vite au travail, M. Bruno. Voilà! Jeannette, voilà!

Ces derniers mots se perdirent dans l'escalier.

Ai-je dit que M. Birnbaum était célibataire?

Mlle Jeannette était son cauchemar, quand par hasard elle n'était pas son ange.

Un jour Marc se trouvait dans le magasin du marchand d'estampes. Celui-ci le prit avec mystère par le bras, le conduisit près de la vitrine, et, l'abritant derrière un chevalet chargé d'un cadre :

— Voyez, dit-il.

Deux dames, arrêtées devant la vitrine, regardaient les gravures. Elles étaient mises avec beaucoup de simplicité mais avec une suprême élégance. L'une était âgée, elle avait une belle tête de grande dame, dédaigneuse et hautaine, l'œil fier et froid, le front haut, le nez arqué, la lèvre fine, le galbe du menton ferme et tranché. L'autre était jeune et svelte : on ne voyait de sa tête qu'une boucle de cheveux bruns foncés. Tout à coup, elle se retourna, et Marc put voir son visage.

Le jeune homme devint pâle et eut un léger tremblement.

— Ce sont les dames de Bourgaup, dit tout bas M. Birnbaum.

VII.

Marc se mit au travail avec une ardeur fié-
vreuse. Il sortait à peine. Deux fois cependant,
M. Birnbaum le trouva sur son chemin en
revenant de chez la baronne Mathilde de Bourgaup. Cette agitation féconde qui est la compagne des fortes espérances, s'était emparée
de lui. En moins de trois semaines son tableau
fut achevé.

Le sujet en était toujours la malade de sa
première composition. C'était la même mansarde, le même dénûment. La jeune fille était
aussi étiolée, aussi maigre, aussi souffrante.
Elle sommeillait sur son lit. Une aurore de
printemps enveloppait son beau corps d'un
chaud vêtement de lumière. Elle s'était sans
doute endormie en priant, car un chapelet à
gros grains rouges s'enroulait encore autour
de ses doigts. Elle rêvait. Un ange visitait son
sommeil. La malade souriait doucement. La
tête de l'ange était remarquable d'expression,
de beauté chaste et voilée, de force onctueuse;
c'était un type de vierge avec de longs cheveux bruns foncés, un visage d'une sérénité

touchante. Les formes étaient sveltes, fines, gracieuses. La cage vide et ouverte était sur la table, mais on voyait à travers la fenêtre de joyeux oiseaux voleter par les champs.

Quand Marc eût donné son dernier coup de pinceau, il appela M. Birnbaum.

M. Birnbaum arriva en sautillant; il se plaça à trois pas du tableau, prit son lorgnon dont il nettoya soigneusement les verres, et le braqua sur la toile avec importance.

Mais aussitôt ses yeux s'écarquillèrent démesurément; sa bouche s'ouvrit toute grande; il fit un bond en arrière pendant que l'index de sa main droite se dirigeait vers la tête de l'ange.

Cependant il ne disait mot.

Il se retourna vers Marc qui nettoyait sa palette avec la plus grande tranquillité.

M. Birnbaum secoua la tête comme un homme qui ne sait que penser; il refrotta en silence, avec un coin de son foulard, les verres de son lorgnon, après les avoir préalablement ternis de son haleine; puis il se remit en face du tableau, toujours sans mot dire.

— Mais quand je vous dis, morbleu! que c'est la baronne Mathilde de Bourgaup, exclamat-il soudain en se retournant tout ébouriffé.

— Où cela ? fit Marc impassible.

— Mais ici, morbleu !

Et son pouce effleurait les couleurs encore fraîches.

— Prenez donc garde, s'écria le peintre avec effroi ! Vous allez toucher ma toile.

— Mais, M. Bruno, dit le brocanteur, je m'explique bien, n'est-ce pas ? Je vous dis que cette tête, c'est le portrait de Mlle la baronne Mathilde de Bourgaup.

— Le portrait de la baronne ? voyons cela.

Et Marc considéra longtemps son tableau, sans sourciller.

— Ainsi, dit-il enfin, vous trouvez que cette tête a quelque ressemblance avec Mlle de Bourgaup ? c'est drôle.

— Quelque ressemblance ! Mais vous n'entendez donc pas ? C'est un daguerréotype, le reflet d'un miroir ! Quelque ressemblance ? En vérité, lequel de nous deux se moque ici de l'autre ?

— J'allais vous le demander, mon excellent M. Birnbaum.

— Mais c'est inouï ! Et dire que vous n'avez vu la jeune baronne qu'une fois, un instant, à travers une vitrine. C'est extraordinaire!

— Ah! ça! de quelle tête parlez-vous, demanda Marc, de celle de l'ange ou de celle de la malade?

M. Birnbaum, complétement magnétisé par cette assurance, tourna dans la chambre comme un homme étourdi d'un coup de massue et répondit d'une voix sourde :

— Je parle de l'ange.

— Mais oui, mais vraiment oui, autant que je puis me rappeler! une certaine similitude... dans la coupe du visage, n'est-ce pas? et puis les cheveux. N'est-elle pas brune, Mlle de Bourgaup?

— Elle est brune.

— Mais oui; comme c'est singulier! Elle en sera bien étonnée. Heureusement, elle ne le verra pas. Vous savez qu'on ne reconnaît jamais son propre portrait. Mais, franchement, votre avis. Cela est-il bon?

— C'est un petit chef-d'œuvre, dit M. Birnbaum devenu pensif.

— Alors, et quoique je n'en croie rien, emportez-le. Laissez-moi vous remercier encore, mon cher M. Birnbaum.

Et Marc lui serra cordialement la main.

M. Birnbaum enleva la toile et sortit, la tête basse. La porte ne s'était pas refermée de cinq secondes sur lui qu'elle se rouvrait. Le brocanteur rentra, replaça le tableau sur le chevalet, se mit en face du jeune peintre qu'il considéra un instant avec embarras ; puis il lui dit :

— M. Bruno, vous excuserez... mais mon amitié pour vous... Une question... assurément singulière ; enfin voici : Songez seulement que c'est l'intérêt que je vous porte, qui...

— Dites, mon cher M. Birnbaum.

M. Birnbaum devint ponceau. Sa main droite tourmentait le pouce de la main gauche comme pour y faire un nœud. Tout à coup il lâcha sa question qu'il avait péniblement mâchée et remâchée.

— Est-ce que vous seriez amoureux de Mlle de Bourgaup ?

A la vue de ce visage bouleversé, Marc partit d'un si franc éclat de rire que M. Birnbaum confus, abasourdi, ne sachant où donner de la tête, s'écria tout à coup en se dirigeant vers la porte :

— J'y vais, Jeannette, j'y vais ! Vous excusez, M. Bruno, c'est Jeannette. Voilà, voilà !

Au bas de l'escalier, il trouva Jeannette qui venait à lui :

— Vous m'avez appelée?

M. Birnbaum passa devant elle sans la voir, les yeux hagards et les cheveux dressés.

DEUXIÈME PARTIE.

———

LETTRE.

VIII.

De Marc Bruno a Mlle de Bourgaup.

Mademoiselle,

Vous êtes riche, belle, distinguée. Le nom que vous portez est un des plus retentissants de la Belgique ; votre famille est puissante, entourée d'estime et de respect.

L'homme qui prend la folle audace de vous écrire a tout ce qu'il faut pour mériter le mépris dédaigneux, la hautaine ironie d'une femme qui occupe dans le monde la position que vous y tenez. Il est pauvre ; il est laid ; il est dépourvu de cette élégance et de ces talents de convention qui sont d'un si grand prestige. Son nom roturier lui vient d'un pauvre artiste sans renommée ; il est orphelin, et n'a même pas ce qu'on est convenu d'appeler une position sociale quelconque.

Mademoiselle, je sais que vous avez la rare délicatesse du cœur, la logique de l'esprit nécessaires pour comprendre le courage surhumain qu'il faut à un tel homme faisant ce que je fais, pour peu qu'il ne soit pas fou et qu'il ait nettement conscience de ses actes. En vous écrivant, cette pensée me soutient et me guide. Une foi secrète m'anime. J'oublie, pour un instant, les positions extrêmes où la société nous a placés tous les deux ; je cesse de voir ce monceau d'or qui me sépare de votre niveau social. Je ne vois que vous, rien que vous.

Je vous aime. Je vous ai aimée du jour où je vous ai vue, du jour où l'on m'a parlé de vous. Vous avez remarqué un pauvre jeune homme qui vous suit partout comme un esclave, aux théâtres, aux églises, aux pro-

menades , et qui passe des nuits de désespoir, qui sont pour vous des nuits heureuses
ardemment attendues et regrettées, sur le
pavé des rues, à la porte des hôtels illuminés
pour le bal où vous entrez rayonnante de pa-
rure, de bonheur et de beauté. Cet homme.
c'est moi. C'est moi encore l'étudiant pauvre,
forcé de recourir à son pinceau pour vivre, et
reproduisant, dans chacune de ses toiles, votre image adorée.

Mademoiselle, vous êtes un grand esprit
autant qu'un noble cœur, je le sais. C'est
pourquoi, moi infime, je ne crains pas de
vous aimer et de vous le dire. Je n'ai rien, je
ne suis rien, je le répète, mais, dites un mot,
et je deviendrai l'homme que vous voudrez
que je sois. Jusqu'à présent, je n'avais pas
d'intérêt à devenir quelque chose. Mais la
puissance est en moi; je la sens; elle use ma
vie inoccupée. Pour la mettre en œuvre, il
fallait l'amour d'une femme ou la clameur d'un
peuple.

Je ne vous demande pas votre amour, Mademoiselle ; quelqu'indulgent que puisse être
votre jugement sur moi, je ne suis qu'un inconnu, c'est-à-dire tout aussi bien un intrigant,

un sot d'une immense fatuité, qu'un homme sincère et bon, portant en soi une foi légitime et ne tentant ce qu'il fait auprès de vous que parce qu'il a conscience de son amour et de sa force. Je vous demande une chose plus raisonnable : la voici.

Si vous n'aimez encore personne, si vous ne ressentez pas pour moi une de ces antipathies instinctives qui sont réelles bien qu'on ne les explique pas, — tracez-moi un chemin, fixez-moi un but comme vous le feriez pour quelqu'un de connu ou d'inconnu qui viendrait vous demander conseil. La politique, les arts, les sciences, toute carrière est bonne qui conduit à vous. Puis n'ayez nul souci. Vous ne vous serez engagée à rien. Vous n'entendrez parler de moi que le jour où vous me verrez au but fixé, quelque haut, quelque lointain et difficile qu'il soit. Et, recevez-en la parole d'honneur d'un homme qui n'a jamais menti, quoi qu'il puisse advenir, cette peine que vous vous serez donnée d'utiliser, par un geste, la valeur oisive d'un homme, elle ne sera jamais invoquée contre vous. Il la recevra comme une charité : ce sera tout.

Si, au contraire, vous aimez quelqu'un ; si

quelque chose en moi vous répugne; si ma lettre vous fait douter de la santé de mon esprit ou de la loyale sincérité de mon cœur, pardonnez-moi, Mademoiselle. Oubliez l'inqualifiable démarche qu'un inconnu s'est permis de faire auprès de vous, non par excès d'insolence mais par excès d'amour. N'ayez nulle inquiétude d'un désespoir dont vous êtes innocente. L'homme qui a le courage de faire ce que je fais, aura la force de vaincre ce désespoir. Il ne se tuera pas; il ne vous importunera plus, ni de ses lettres, ni de sa vue; il sera pour vous comme s'il n'existait pas, comme s'il n'avait jamais existé.

Marc Bruno.

EXPLICATIONS.

IX.

Mme Adélaïde, baronne de Bourgaup, née marquise de Pontours, descendait d'une ancienne famille, plus riche néanmoins en aïeux qu'en écus. Le baron de Bourgaup, gentilhomme campagnard d'une moindre illustration, devait l'honneur de cette alliance à sa fortune et à un caractère faible et doux. Le baron, homme d'un grand sens d'ailleurs, avait regretté à loisir la folie de son cœur et l'orgueil de son esprit qui l'avaient ébloui au point de lui faire contracter mariage avec une femme d'humeur altière, aimant le luxe avec passion et d'une visible sécheresse de sentiment.

Le baron n'avait presque pas quitté son château. Aussi habile à conduire une charrue qu'à courre le cerf dans les chasses auxquelles il conviait ses fermiers comme la noblesse du voisinage, il n'avait pas honte de serrer, en toute franchise, une loyale main de vilain. Au coin de sa cheminée féodale, il choquait volontiers, en devisant de choses et d'autres, son pot de cidre ou de vin contre celui de ses tenanciers. Secourable aux malheureux, ennemi de toute ostentation, il s'était attiré l'estime de tous, la reconnaissance et l'affection de beaucoup. Il possédait la forte et saine raison du campagnard, et avait acquis loin du bruit des cités et des intrigues, un esprit et un corps robustes.

Pendant qu'il se livrait ainsi à ses occupations favorites, dirigeant la culture de ses terres, exploitant ses fermes, recevant ses camarades d'enfance, laboureurs pour la plupart, bannissant de son manoir une étiquette importune, la baronne, sa femme, passait presque toute l'année à Bruxelles, où le baron la laissait volontiers, tandis que, de son côté, elle se montrait peu désireuse d'y produire son rustique mari. Les salons de Mme de Bourgaup, étaient le rendez-vous d'un monde d'élite ; elle-même était citée pour son esprit et son bon goût. Lorsqu'elle venait pour quelques semaines au château, tout y changeait d'aspect : on ouvrait les volets des salons déserts ; on ôtait les housses des meubles ; les valets de ferme endossaient une livrée ; le château paraissait s'endimancher. Quand, par extraordinaire, le baron allait à Bruxelles, l'hôtel toujours si bruyant et si animé devenait solitaire et froid. On n'avait plus que quelques petites soirées d'intimes dans laquelles on rassasiait de musique, de lectures et de belles phrases, ce pauvre baron qui avait hâte de rentrer dans son domaine. Ces deux êtres, se gênant réciproquement, se détestant au fond, mettaient une grande franchise à se donner leurs aises, en se voyant le moins possible.

La baronne connaissait l'orgueil de la maternité sans en connaître le bonheur. L'affection qu'elle portait à ses enfants se mesurait à la considération, à l'éclat qu'ils pouvaient

faire rejaillir sur la famille, sur elle-même.
Elle eût haï un enfant infirme de corps ou
d'esprit. Elle avait plusieurs fils, et une fille,
Mathilde, pour laquelle le baron avait une véritable passion de père. Une seule fois ce dernier avait imposé sa volonté à la baronne : le
jour où elle avait voulu emmener Mathilde
avec elle, il déclara nettement que la baronne
pouvait habiter Bruxelles tant et quand elle
le tiendrait pour agréable, mais que pour
Mathilde, il l'entendait garder avec lui.
Mme de Bourgaup, étonnée de cette volonté
qui se manifestait pour la première fois, et
craignant de la fortifier en l'exerçant, céda.

Mathilde passa donc son enfance à la campagne. Son père, de braves villageois, deux
ou trois familles nobles des environs, de
mœurs patriarcales, quelques simples et
douces filles de fermiers, un vieil abbé tant
soit peu voltairien qui faisait tant bien que
mal l'éducation de la jeune châtelaine, tel fut
le milieu social dans lequel elle apprit à aimer
et à penser. La belle et saine nature qui l'en-
vironnait contribua pour beaucoup aussi à
donner à son esprit une allure indépendante
et des reflets poétiques. Mais cette tendance

élevée était sans cesse contrariée par une timidité excessive qu'augmentaient encore une
santé frêle et une extrême douceur de sentiments. Cette jeune fille craignait la lutte,
craignait l'action, et son imagination fougueuse
fournissant des aliments trop vigoureux à sa
nature délicate, cette lutte, à laquelle elle ne
pouvait se soustraire, l'agitait d'une inquiétude
incessante. Mathilde était créée pour les douces
affections du foyer et pour les rêveries de
l'art.

Dès sa plus tendre enfance, elle manifesta
un goût prononcé pour la peinture, la musique et la lecture des poëtes ; la peinture surtout avait pour elle de mystérieux attraits.
Mathilde possédait ce sentiment de la nature,
cette intuition merveilleuse des rapports
inexpliqués qui, chez les artistes, est le
germe du génie. Ce désir, cette intelligence
de la nature porte l'enfant à reproduire, à
imiter ce qu'il admire ; devenu homme, il
crée en donnant une forme propre à ses idées
et à ses sentiments, car l'imitation n'est que
le rudiment de l'art. Le bon abbé savait un
peu de tout : il donna les premières leçons à
Mathilde qui progressa bientôt sans maître.

La passion du beau imprima, de bonne heure, à ses idées, une délicatesse exquise et une forme ravissante.

Cette vie de calme, de rêverie et de bonheur changea, pour elle, à l'âge de quinze ans. Le baron dut bien se résoudre à lui faire connaître le monde. Ne pouvant se séparer d'elle, il quitta la campagne et vint s'installer à Bruxelles. L'hôtel de Bourgaup resta, comme auparavant, ouvert à l'élite de la société bruxelloise, et acquit même un nouvel éclat par la présence de la jeune fille : mais, au milieu de tout ce bruit et de tout ce mouvement, le vieux gentilhomme, pestant contre sa femme, rêvant à ses charrues et à ses chiens, adorant sa fille, avait su se créer un asile où tout autre que Mathilde était mal venu de le déranger.

Quand Marc et Mathilde se connurent, celle-ci avait vingt ans. Le contact de sa mère et du monde n'avaient rien altéré en elle. La baronne avait rapidement étudié ce caractère enthousiaste, indépendant et rêveur, mais privé d'énergie et inhabile à résister. Certaine de ne jamais y trouver un obstacle sérieux à ses projets, elle ne s'était pas même donné la

peine de le réduire. Aussi la jeune fille avait-
elle tenu les promesses de l'enfant. Sa remarquable beauté, empreinte d'enjouement, avait
un charme ineffable qui rappelait la chasteté
d'une muse ou d'une vestale plutôt que la do-
mination d'une souveraine. Tout en elle avait
ce parfum de timidité, de grâce et de candeur.
Elle n'avait jamais aimé, et cependant elle
connaissait les purs enivrements de l'amour
par les instincts d'une nature aimante et
par la révélation d'une intelligence d'artiste.
Autour d'elle, elle n'avait vu aucun homme
qui eût fasciné son imagination ou touché son
cœur. Tout lui paraissait mesquin, étroit, frivole, dans ce monde conventionnel qui l'entourait, à elle qui avait vécu en communion avec la
nature. Le but que se proposaient les plus re-
cherchés, les plus distingués de cette société
était si peu de chose en soi, si inutile à l'humanité et à eux-mêmes, si égoïste ou si
puéril souvent, qu'elle en souriait de pitié.
Cette élégance acquise, ces grâces mesurées
du langage, cette distinction qui s'achète chez
un tailleur, chez un maître de maintien et qui
se perfectionne par l'usage, ne l'éblouissait
pas. Elle considérait cette mise de salon

comme une livrée que l'un portait avec plus de naturel que l'autre, mais qu'à la rigueur tout le monde eût pu endosser. Comme elle n'avait aucune ambition, elle partageait peu les admirations et les dédains d'une société avec laquelle elle ne pouvait sympathiser en rien.

Marc avait la supériorité d'intelligence, l'audace de cœur qu'elle avait rêvées dans celui qu'elle eût voulu aimer. Toute sa personne exprimait ce double caractère de puissance et de douceur. Il avait cette beauté d'expression, inconnue aux artistes de l'antiquité, qui est comme une empreinte de l'âme et supérieure à la beauté des formes autant que l'esprit est supérieure à la matière. En retrouvant partout cette pâle et expressive figure, la jeune baronne s'était plu à s'en souvenir ; en devinant cet amour caché, profond, courageux, elle s'y était intéressée ; en recevant cette lettre, enfin, où le caractère de Marc se déployait dans toute sa noble candeur, elle l'avait aimé. Ignorante elle-même des obstacles, ne soupçonnant pas les dangers de l'avenir, franche et faible comme une enfant, secrètement confiante d'ailleurs dans l'indulgente

tendresse de son père, elle se livra à ses instincts avec l'imprudence, avec l'entraînement
aveugle d'une imagination d'artiste et d'un
cœur de femme.

LETTRE.

X.

DE Mlle DE BOURGAUP A MARC BRUNO.

Monsieur,

Je sais qu'en répondant à votre lettre je fais, au point de vue du monde, une chose blâmable que les plus indulgents qualifieraient d'impardonnable légèreté et dont la médisance serait heureuse de s'emparer.

Néanmoins, je vous écris.

J'ai confiance en vous, Monsieur. Il me semble que vous n'êtes pas pour moi un étranger, et votre souvenir m'est familier depuis longtemps. Votre lettre ne m'a nullement blessée, elle ne m'a pas même surprise. Avant de vous avoir vu, j'avais déjà pour votre caractère, dont le hasard m'avait révélé de belles faces, toute l'estime et toute la sympathie que l'on peut avoir pour un inconnu.

J'ignore ce que sont mes sentiments, je n'ai jamais aimé ; aucun homme ne m'a inspiré la confiance que je ressens pour vous. Écrivez-moi. Considérez-moi comme une amie, comme une sœur, je le veux bien ; parlez-moi de votre avenir et de vos projets, je vous y engage. Je crois que vous êtes destiné à quelque chose de grand. Parlez-moi aussi de votre passé.

MATHILDE DE BOURGAUP.

AMOUR.

XI.

L'estimable M. Birnbaum ne comprenait plus rien à Marc. L'étudiant sortait à peine ; il ne peignait plus, ne disséquait plus. Jeannette racontait qu'il ne se couchait pas ; qu'elle le trouvait, le matin, penché ou bien endormi sur ses livres, auprès d'une lampe encore allumée. Et, malgré ces excès de travail, sa santé paraissait se fortifier de jour en jour. Une activité extraordinaire le dévorait.

Marc était venu me trouver :

— Ami, m'avait-il dit, tu connais à peu près

le degré d'intelligence, de mémoire, de force d'assimilation que je possède. Combien de temps faudrait-il, à un homme organisé comme moi, arrivé au point où j'en suis, travaillant avec une volonté persévérante, pour devenir avocat ?

— Deux à trois ans. Mais à propos de quoi ta question ? tu ne vas pas maintenant, j'espère, quitter le scalpel pour le code.

— A propos de ceci : Je viens de prendre une inscription aux cours de droit. Dans deux ans je serai docteur ou je serai mort à la tâche.

XII.

Marc était comme l'acier rougi au feu saisi soudain par la fraîcheur de l'eau. Le bonheur avait trempé son âme. Plus de ces affaissements maladifs que précédaient toujours de fiévreux élans d'énergie ; plus de ces doutes poignants qui ruinent l'avenir en gangrenant toute jouissance, tout bonheur. Le souvenir du passé était redevenu réalité. Marie s'appelait Mathilde. L'avenir ouvrait ses portes d'or. Ce nouvel amour établissait un équilibre harmonique entre toutes ses facultés, et toutes, réunies en un faisceau et se décuplant par l'union, étaient au service de cet amour.

Les rapports de Marc et de Mathilde furent ceux d'un frère et d'une sœur qui s'écrivent de loin, pour se consoler de l'absence, et qui trouvent leur plus cher bonheur dans cet échange de tendresses, de joies et de souffrances. Dans ses lettres, Marc racontait à la jeune fille son existence désolée d'autrefois et les splendides espérances qu'il voulait maintenant réaliser; il lui montrait toute son âme, dans sa belle et chaste nudité, forte, franche, résolue, pleine d'enthousiasme et de passion. Il lui disait ses pensées quotidiennes; il l'entretenait de ses efforts surhumains, de son ardeur à entrer en lice avec une société corrompue qui refuse tout à ceux qui n'ont rien et qui, vile courtisane, offre tout à ceux qui ont tout. Le bonheur lui avait rendu ce calme intime, cette égalité d'humeur dont l'absence l'avait tant fait souffrir. Son amour était si pur, si concentré, si profond, que l'effervescence n'en avait rien de violent ni d'outré; mais, sous cette surface égale, on devinait des bouillonnements irrésistibles.

Les lettres de Mathilde révélaient toute sa nature enthousiaste et faible. Il y avait trop de franchise en Mathilde pour qu'elle eût voulu se montrer autrement qu'elle n'était. D'ailleurs, n'ayant jamais ni souffert ni lutté, elle s'ignorait elle-même. La jeune fille était capable des plus grands sacrifices, mais, pour les accomplir, il fallait l'heure de la spontanéité, de l'exaltation. Un rien brisait cette enfant. Ses meilleurs projets, ses plus fermes résolutions s'évanouissaient devant un obstacle vulgaire ou mesquin. Ce qui pouvait la vaincre, ce n'était pas tant une pression énergique, qui eût exaspéré sa faiblesse, que les petites causes ou une résistance faible mais habile et persistante. Marc comprit tout de suite ce caractère. Il trembla pour l'avenir; mais les dangers mêmes qui paraissaient se conjurer contre son bonheur ne firent qu'accroître sa passion. Il se sentait assez fort pour deux, et, enveloppant de son amour et de sa volonté l'enfant qu'il adorait, il crut follement pouvoir la protéger contre elle-même.

Mathilde avait à son service une fille qui était sa sœur de lait et une amie plus qu'une servante. Grâce à elle, les amants purent se voir quelquefois. Dans ces rares et courts instants, ils se parlaient à peine. Quelle parole est plus éloquente qu'un long regard d'amour, qu'une main passionnée qui étreint une main tremblante d'émotion contenue! Et, en se quittant, sans s'être parlé, pour ainsi dire, ils s'étaient appris un monde de choses. Le souvenir de ces entrevues, l'espoir de se revoir encore, étaient leurs seules joies. Le sincère amour est chaste, et si Mathilde n'eût pas trouvé, dans la force, dans la loyauté de Marc, une entière garantie, leur amour lui-même la protégeait assez.

XIII.

Ce qui glaçait Marc, c'était la hautaine baronne de Bourgaup. Quand il voyait passer la mère et la fille, l'une si aimante et si frêle, l'autre si revêche et si dure, celle-ci naïve et délicate enfant, celle-là femme ambitieuse, froide et inexorable, il sentait comme un frisson intérieur et de sinistres angoisses. Au théâtre, il les voyait recevoir dans leur loge ce monde aristocratique et privilégié dont lui, étudiant pauvre et sans nom, devait se faire avant d'oser prétendre à Mathilde. La figure de la baronne, anguleuse et fine, avait les teintes du vieil ivoire. Son galbe aux lignes fortement accusées, la coupe hardie des lèvres, le dessin impérieux du menton, sa taille et son maintien, tout annonçait, chez elle, un immense orgueil joint à une inflexible volonté.

A ses côtés, la beauté de Mathilde paraissait encore plus suave. Évitant cette foule brillante qui l'entourait, les yeux de la jeune fille cherchaient, dans un coin sombre du parterre, un homme pâle et vêtu simplement. Ce regard rendait Marc plus heureux que ne l'étaient tous ces hommes dans leur faste et leur vanité. Mais la vue de la vieille baronne faisait évanouir tout ce bonheur sous une pensée morose. Il comprenait que cette femme, savante dans les choses de la vie et du cœur, maniait comme une poupée l'enfant croyant et faible qu'il aimait, et que cet esprit absolu nourrissait des idées trop ambitieuses pour qu'il n'eût pas discipliné, avec soin, tous ceux qui devaient servir ses projets ou qui pouvaient les contrarier.

XIV.

Le marquis de Sorligne était un des assidus de l'hôtel Bourgaup. Il tenait aux plus grandes familles de France ; sa position à la cour autant qu'une immense fortune entouraient son nom d'une haute considération dans le monde aristocratique. C'était un homme d'une quarantaine d'années, chétif de santé et de taille, vieilli déjà par l'ambition et les débordements d'une jeunesse avide de jouissances. Sa voix grêle avait des sifflements aigus, son visage des sourires diplomatiques ; ses gestes trahissaient l'homme tout à la fois impérieux et servile. Depuis quelque temps surtout, ses soins auprès de la baronne de Bourgaup étaient remarqués, et l'on causait, dans les salons, d'une alliance prochaine entre le marquis et la jeune baronne Mathilde. C'étaient là de simples bruits que rien ne paraissait justifier, car M. de Sorligne n'avait pour cette dernière que la politesse banale qu'il témoignait, même avec peu de zèle, aux jeunes personnes de son monde. Ces bruits avaient déjà pris une certaine consistance, mais Mathilde n'avait encore accordé à son prétendu fiancé que la stricte attention donnée aux indifférents qui lui étaient présentés.

Marc, devançant ces rumeurs, qui parvenaient jusqu'à lui par le caustique brocanteur, avait deviné un ennemi la première fois qu'il avait vu le marquis dans la loge de la baronne de Bourgaup.

XV.

— Mathilde, dit-il un jour à la jeune fille, que ferais-tu si ta mère voulait te contraindre à épouser le marquis de Sorligne ?

— A quoi songes-tu, Marc ? Est-ce que je pourrais épouser un autre homme que toi ? Est-ce que je pourrais vivre dans une autre union que la tienne ? Ne t'ai-je pas librement et courageusement aimé ? Et maintenant, tu douterais de mon amour !

— Non, Mathilde. Mais ta mère est inflexible dans ses volontés. Le marquis lui convient ; il porte un beau nom ; il occupe un poste important ; sa fortune est des plus considérables.

— Mais, mon ami, ce marquis ne songe pas

à se marier et moins encore à me choisir pour femme.

— Peut-être, dit Marc d'une voix sourde.

— Quelles étranges et tristes pensées! Comment peuvent-elles te venir, Marc? Ne sais-tu donc pas que je n'aime et n'aimerai jamais que toi? Et toi, si fort et si croyant, te voilà plus abattu que je ne l'ai encore été.

— Si ta mère l'exigeait cependant, Mathilde, insista-t-il?

— Si ma mère l'exigeait?..

Et la jeune fille pâlit legèrement; puis, relevant sa belle tête rayonnante d'enthousiasme, elle dit avec émotion :

— Qu'elle l'exige! qu'elle l'exige, si elle veut ma perte, si elle veut ma mort ou sa honte! Plutôt que d'être à un autre que toi, Marc! je répudierais une mère qui sacrifierait mon bonheur à la satisfaction de ses orgueilleuses vanités! Crois-en ta Mathilde : j'aurai ton nom pour triomphe, ton bras pour asile, ou le cloître pour tombeau.

— Tu me le jures, dit Marc enivré.

— Il te faut donc un serment!

XVI.

Cependant Marc avait beau repousser de tristes pressentiments : les sûrs instincts d'un amour alarmé affermissaient, dans son esprit, la conviction que ce courtisan blasé et cette mère sans entrailles négociaient le mariage de Mathilde, et qu'une fois les conditions d'intérêt réglées, celle-ci livrerait avec joie sa fille éplorée à cet homme déjà vieux par l'égoïsme. Il comprit surtout que les sentiments de la jeune fille ne seraient comptés pour rien dans ce marché, et que sa volonté d'enfant s'userait vite contre l'influence de cette mère habile et sans cœur. Son énergie prit quelque chose de plus sombre. Il redoubla d'efforts pour atteindre plus tôt le but qu'il s'était proposé ; mais les fatigues et les mortelles inquiétudes qui l'agitaient affaiblirent sa santé qu'un rayon de bonheur avait un instant relevée. Il cachait à la jeune fille la cause de ses douleurs tout en essayant de la préparer à la résistance. Mais il ne trouvait en elle qu'une volonté incertaine et languissante, un enthousiasme sincère mais timide, et de rares éclairs de volonté passionnée. Bien que la baronne, la traitant comme une enfant sans conséquence, eût constamment été pour elle d'une complaisance charmante et lui eût même témoigné une mensongère tendresse, Mathilde éprouvait pour sa mère une secrète terreur ; quelquefois il lui semblait que le visage et la voix de la baronne prenaient un caractère sec et dur qui l'épouvantait. Cette mère inspirait à sa fille quelque chose de l'anxiété qu'on éprouve sur le bord glissant de certaines eaux vertes, calmes et riantes à la surface. Dans cette situation extrême, dont Mathilde ignorait tous les périls, Marc conservait au dehors la sérénité du bonheur. Mais la jeune fille avait deviné une partie de ses souffrances.

XVII.

Un jour, elle lui dit :

— Écoute, Marc ; nous ne pouvons vivre ainsi. Ta santé s'userait dans cette lutte ; moi-même, je souffre trop. Emmène-moi. Nous irons dans une grande ville, à Paris, si tu veux, ou à Londres. Nous nous marierons ; nous vivrons comme nous pourrons, de notre pinceau et de leçons. Nous aurons la pauvreté, la misère peut-être, mais nous serons libres et heureux.

— Non, dit Marc ; j'y ai songé. Tes parents pardonneraient. On dirait que mon amour n'était qu'une spéculation habile. Puis je ne veux pas t'exposer à souffrir les privations de toute nature, la faim, le froid, toi qui as grandi dans un luxe princier. Tu oublies ton vieux père, ma Mathilde ; que ferait-il sans toi, lui qui t'a donné son existence? Ne te décourage pas. Je travaillerai ; je vaincrai ma destinée. Vois comme j'avance à pas de géant vers mon but. Je termine un livre qui me tirera de mon obscurité pour me rapprocher de toi. Ne doute donc pas, ange de peu de foi, ou je croirai que tu ne m'aimes plus.

— Oh! Marc! dit-elle en se jetant dans ses bras, combien tu vaux mieux que moi!

XVIII.

Le baron de Bourgaup tomba malade. Son état exigeait les plus grands ménagements. Mathilde ne quitta pas son chevet. C'était de sa main seule que le vieillard voulait recevoir ces mille soins qui hâtent la guérison. Mathilde put à peine envoyer de temps en temps quelques mots à Marc. Celui-ci restait de longues heures, la nuit, devant l'hôtel Bourgaup, à regarder deux fenêtres faiblement éclairées, sur la mousseline brodée desquelles passait parfois une gracieuse silhouette de jeune fille. Les fêtes et les réunions avaient cessé à l'hôtel, mais les visites du marquis de Sorligne devenaient plus fréquentes. Cet état de choses augmenta les alarmes de Marc qui voyait que la maladie du baron privait Mathilde de la seule protection qu'elle pût espérer ; et, lorsque le vieillard se rétablit peu à peu, le jeune homme se crut à demi sauvé. La pensée lui vint alors de s'ouvrir au père de Mathilde ; mais, craignant de tout perdre par une démarche hâtive, il n'en fit rien. D'ailleurs Mathilde lui avait écrit que son père était sauvé, mais qu'une émotion trop forte, une secousse morale quelconque pouvait amener une rechute mortelle. Elle n'avait pas osé lui dire que les médecins prescrivaient le climat du midi.

INTRIGUE.

XIX.

Dans le grand salon de l'hôtel Bourgaup, la
baronne Adélaïde était assise devant une élégante table de boule travaillée comme une mosaïque. L'ameublement de cette salle vaste et
sonore avait quelque chose de froid, de grave
et d'imposant. Dans le choix et la disposition
de ces meubles riches et sévères de forme,
dans ces hautes tentures sombres, dans ces
orgueilleux portraits de famille, dans les sculptures blasonnées de la cheminée et jusque

dans l'élégance un peu surannée de la baronne, on retrouvait l'empreinte des idées et du goût d'un autre âge.

La baronne feuilletait, avec un tremblement de colère, des lettres qu'elle tirait d'un coffret en ébène incrusté de nacre. Il y avait quelque chose de hideux dans les lueurs fauves de ses yeux et dans la contraction de ses lèvres minces et pâles. Elle ouvrait les lettres, les lisait rapidement, les froissait entre ses doigts osseux chargés de bagues. Quand elle eut tout lu, elle posa le coude sur le bras de son fauteuil et, appuyant sa joue sur son doigt replié, elle parut tomber dans de profondes réflexions.

Quelque chose comme un sourire passa enfin sur ses traits durs. Les lettres furent soigneusement repliées, remises dans leurs enveloppes et replacées avec ordre dans le coffret. Elle se rendit ensuite dans l'appartement de sa fille et enferma le petit meuble qui contenait la correspondance, dans un secrétaire dont on avait sans doute oublié d'emporter la clef. Puis, revenue au salon, elle sonna :

—Mademoiselle est-elle rentrée, demanda-t-elle, avec une affabilité inaccoutumée, à la femme de chambre qui accourut?

— Pas encore, madame la baronne; mais elle ne peut tarder.

— C'est bien. Quand elle sera de retour, vous la préviendrez que je désire lui parler. Priez-là de passer au salon.

Une voiture roula dans le vestibule voûté de l'hôtel.

— Voilà Mademoiselle, dit la femme de chambre.

— C'est bien, allez.

Un instant après, parut Mathilde. Elle avait une toilette du matin élégante et simple. Le bleu lui allait à ravir; aussi c'était sa couleur favorite. Elle embrassa sa mère et, lui prenant les deux mains, demanda des nouvelles de sa santé et de celle du baron.

— Votre père va toujours mieux, ma chère fille, et moi, je suis bien. Mais d'où venez-vous donc, ajouta-t-elle avec un sourire où perçait une fine moquerie, que vous voilà aussi gentiment parée?

— Nous sommes allées, Louise et moi, chez Léonie de Tierceval. Vous savez comme Léonie a été bonne pendant toute cette maladie de papa. Puis, en revenant, nous avons fait provision de couleurs et de pinceaux.

— Où donc cela, demanda négligemment la baronne ?

— Mais chez M. Birnbaum ; vous savez que je me fournis toujours chez lui, dit-elle en rougissant un peu.

— Ah ! oui, cet original, je sais. Est-ce son fils, ce petit jeune homme à mine chétive, assez pauvrement mis, que nous avons vu dans le magasin ? Vous savez, un garçon malingre et ridiculement gauche.

Mathilde devint rouge et tremblante. Ce garçon pauvrement mis, à mine chétive, ce petit jeune homme malingre et ridiculement gauche, c'était Marc, c'était l'homme à qui elle avait donné son amour et dont elle voulait devenir la femme. Elle ressentit comme un coup de couteau au cœur.

— Je ne sache pas que M. Birnbaum soit marié, balbutia-t-elle.

— Non ? Ce sera alors un garçon de boutique.

Lui, Marc, garçon de boutique ! pauvre Mathilde ! et c'était sa mère qui disait cela !

Un domestique annonça que le marquis de Sorligne se faisait informer de l'état de M. de Bourgaup. La baronne sortit transmettre elle-même la réponse. En rentrant, elle vit une larme mal essuyée aux yeux humides de la jeune fille.

— A propos du marquis de Sorligne, dit-elle en se rasseyant, on racontait hier, au cercle de la duchesse de Ximenès de forts singuliers détails sur lady Hackmont. Cette belle et orgueilleuse personne aurait ambitionné l'alliance du noble marquis. Mais ni l'éclat de sa beauté, ni son esprit vraiment remarquable, ni sa fortune qu'on dit très-belle, n'ont pu impressionner M. de Sorligne, qui est un des plus charmants hommes que je connaisse.

Ce nom de Sorligne glaça Mathilde. Il lui semblait que Marc devait souffrir en ce moment.

— On assurait, continua négligemment la baronne, que le roi, qui tient en grande estime son caractère et ses talents, vient de lui confier une mission importante pour l'Italie.

Mathilde respira. La baronne vit ce soupir d'allégement ; elle reprit :

— Et comme la santé du baron votre père exige un climat plus chaud, nous pourrions bien rencontrer prochainement le marquis à

Venise ou à Rome, ce qui me plairait fort, car c'est un homme tout à fait agréable.

— Nous allons donc partir bientôt, demanda Mathilde avec hésitation?

— Mais, mon enfant, aussitôt que votre père pourra supporter le voyage, et nous désirons que ce soit le plus tôt possible, n'est-ce pas? La duchesse de Ximenès me demandait pourquoi nous ne partirions pas en même temps que le marquis qui se rend à Rome et voyage à petites journées. Elle me disait cela avec ce fin et bon sourire qu'elle a. Nous avons causé d'autres choses. Je n'avais pas oublié son étrange question. — Mais, m'a-t-elle dit tout à coup d'un air confidentiel, vous n'avez donc pas été surprise de l'indifférence profonde avec laquelle le marquis a accueilli les prévenances de lady Hackmont, une personne si brillante pourtant, si supérieure et si recherchée? — Certainement, lui dis-je, il faut croire que M. de Sorligne ne se mariera pas. — Ne se mariera pas, a-t-elle repris, ou qu'il a déjà fait son choix. — Le pensez-vous, demandai-je? — Baronne, m'a-t-elle dit, vous êtes bien cachée avec moi. — Je voulus savoir ce qu'elle entendait par là. — Mon Dieu!

m'a-t-elle repliqué, pourquoi en faire mystère avec une vieille amie, quand tout le monde en parle? Pensez-vous qu'on n'ait pas remarqué les assiduités de M. de Sorligne auprès de Mlle Mathilde? Si vous vouliez être franche, vous en tomberiez d'accord, dès maintenant. Je grille d'envie de vous féliciter d'une alliance qui certainement fera le bonheur de Mlle Mathilde. — Je l'assurai qu'elle était dans une complète erreur et que jamais ni vous, ni moi, ni le marquis sans doute n'avions songé à cette alliance. Mais, vous rougissez, Mathilde; la duchesse aurait-elle eu raison? Auriez-vous nourri pour le marquis des sentiments que j'ignorais?

Mathilde, en effet, était toute troublée; elle venait de comprendre que Marc ne s'était pas trompé. Elle rassembla tout son courage et répondit :

—Je vous assure, maman, que vous m'étonnez beaucoup et que je ne comprends rien aux propos de la duchesse. Vous savez combien je suis heureuse auprès de vous et de mon père, et que je ne désire pas changer d'état. Quant à ce marquis, je dois vous dire qu'il ne m'a jamais inspiré qu'une indifférence très-prononcée.

5

Et, les yeux obscurcis par les larmes, les mains tremblantes, elle essaya de faire quelques points à sa broderie.

— C'est à peu près ce que j'ai répondu à la duchesse. Cependant je ne vous cache pas, Mathilde, que, tout en vous blâmant de votre peu de confiance en moi si ses suppositions avaient été fondées, j'eusse vu avec plaisir se réaliser une union qui entrait dans les projets que je forme sans cesse pour votre bonheur. J'en avais même parlé au baron, votre père, dont les vœux, à cet égard, s'accordent avec les miens. Ces bruits doivent cependant avoir une origine quelconque; et peut-être, ajouta-t-elle avec un sourire et en se levant, peut-être pourrez-vous m'éclairer là-dessus quand vous aurez écarté quelques scrupules d'enfant. D'ailleurs nous en causerons encore car vous savez combien je veux votre bonheur. Vous êtes si méchante, chère enfant, que je serai forcée, peut-être, de vous rendre heureuse malgré vous. Car je soupçonne fort cette *indifférence très-prononcée* à l'égard du marquis, cette haine inexpliquée du mariage, de n'être au fond qu'un très-louable dévouement à vos parents que vous ne voulez pas quitter dans leur vieillesse, mais qu'il est du devoir de ceux-ci de ne pas accepter. Maintenant, ma chère enfant, allez retrouver votre père qui sera heureux de vous voir, pendant que je vais m'occuper de quelques arrangements pour notre prochain départ.

Et elle embrassa Mathilde qui sortit dans un grand trouble, pâle et tout anxieuse.

La baronne sonna :

— Faites venir Louise, à l'instant.

Louise était une belle et forte fille qui avait conservé les franches allures des champs. Mais, en présence de la baronne, une certaine timidité gênait ses mouvements et sa pensée. La vieille dame attacha sur elle ce regard glacial qui allait fouiller au fond des consciences.

— Louise, vous avez trahi ma confiance, dit-elle. Vous avez servi ma fille dans une misérable et puérile intrigue. Je vous chasse, et malheur à vous, malheur à vos parents s'il vous échappe une parole indiscrète !

Louise, pâle, atterrée, tremblante, ne put rien répondre.

— Vous allez partir à l'instant, sans voir ma fille, ni personne. On vous reconduira jusqu'à votre village.

Deux larmes roulèrent dans les grands yeux de la fidèle jeune fille qui songeait à sa maîtresse plus qu'à elle-même.

— Cependant, écoutez, reprit la baronne. Vous avez un moyen de gagner mon pardon et mes faveurs. Cette fidélité que vous avez pour Mademoiselle, ayez-la pour moi. Vous resterez à son service, mais en la servant vous ferez tout ce que je dirai ; vous me direz tout ce que je voudrai savoir. Et, quant au prix de vos services, j'irai au-delà de vos espérances.

— Oh ! Madame la baronne, dit la pauvre fille indignée, j'ai peut-être commis une faute par excès de dévouement, mais ne supposez pas que je sois prête à commettre une infamie pour de l'argent.

La baronne sonna de nouveau.

Un vieux valet en culottes et en souliers montra sa maigre et souple échine.

— Jérôme, dit-elle, vous allez reconduire Louise chez ses parents, à la *ferme rouge* ; mais tout de suite, sans attendre une minute. Vous aurez soin que personne de l'hôtel ne lui parle et qu'elle ne parle à personne.

Puis, quand le serviteur eut emmené cette pauvre fille qui ne voulait pas quitter sa maî-

tresse sans lui dire adieu, la baronne de Bourgaup prit dans son élégant buvart une feuille
de papier à lettres et écrivit :

A MONSIEUR BRUNO , PEINTRE , CHEZ M BIRN-
BAUM.

Monsieur,

J'apprends, par un de nos grands peintres
les pénibles difficultés matérielles contre lesquelles vous avez à lutter pour donner à votre
remarquable talent tout le développement
dont il est susceptible. Je porte un vif intérêt
aux hommes qui, ainsi que vous, Monsieur, à
un rare mérite joignent le courage qu'il faut
pour accepter les rudes épreuves attachées
aux labeurs de l'artiste ; et, bien que je n'aie
pas l'honneur de vous connaître autrement
que par vos touchantes et trop modestes com-
positions, mon respect pour les arts et les
artistes m'autorise à vous offrir ce que le sort
injuste vous a brutalement refusé. Le portefeuille joint à ce billet contient vingt mille
francs. Veuillez les considérer comme un à
compte sur le prix des tableaux que je retiens

et pour lesquels vous irez sans doute demander l'inspiration au ciel classique de la Grèce.

Recevez, Monsieur, l'expression
de mes sympathies.

Adélaide, baronne **de Bourgaup.**

Comme elle finisait d'écrire, Mathilde entra précipitamment.

— Maman, qu'est-ce que cela veut dire? En mettant par hasard la tête à la fenêtre, j'ai vu la voiture qui emportait Louise. Louise pleurait à chaudes larmes.

— Cette pauvre fille ! dit la baronne. C'est bien triste. Je n'ai pas voulu qu'elle vous vît pour ne pas vous affliger trop. Imaginez-vous qu'elle reçoit la nouvelle que son vieux père est à l'agonie et qu'elle ne peut assez se hâter si elle désire le voir encore.

— Mon Dieu ! dit Mathilde, fondant en larmes, pauvre Louise !

— Cette lettre et ce portefeuille à leur adresse, dit la baronne de Bourgaup à un valet qui s'inclina et sortit.

POURBOIRE.

XX.

Pendant que Marc lisait le billet de la baronne, le valet attendait, examinant, avec une
certaine impertinence, le chiche mobilier de
l'étudiant.

— Monsieur, demanda-t-il, y a-t-il une
réponse?

— Une réponse?.. Ah! une réponse! Il te
faut une réponse?

Et il s'avançait vers le valet dans l'évidente
intention de le prendre par la nuque et les

reins, et de le lancer par les fenêtres de son troisième étage.

Mais il se ravisa.

— Écoute, toi, dit-il en fesant peser sa main sur l'épaule du valet : qu'est-ce que tu gagnes par an ? Peut-être six ou huit cents francs. Tu es l'homme d'autrui, et un caprice de ton maître peut te jeter sur le pavé, n'est-ce pas ? Veux-tu gagner vingt mille francs ? c'est-à-dire ton affranchissement, ton indépendance, le bonheur ?

Le laquais écarquilla ses petits yeux ; puis il sourit :

— Vingt mille francs, c'est beaucoup, dit-il en regardant d'un air significatif le vieil habit et les pauvres meubles de l'étudiant.

— Les voilà, dit Marc, en poussant du pied le portefeuille qu'il avait jeté à terre dans un premier mouvement d'indignation.

Le laquais ramassa le portefeuille, l'ouvrit dans une muette curiosité, étala méthodique-ment les vingt billets de banque sur la table ; puis il regarda le jeune homme avec de grands yeux avides et étonnés.

— Que faut-il faire, dit-il ?

— Que s'est-il passé à l'hôtel, ce matin ?

— Rien d'extraordinaire, que je sache. Si ce n'est que la femme de chambre de Mademoiselle a quitté l'hôtel.

— Pourquoi?

— Madame la baronne disait à Mademoiselle, en ma présence, que le père de Louise est à la mort.

— La baronne était aussi affectueuse que de coutume avec sa fille?

— Je n'ai rien remarqué.

Marc fit quelques tours dans la chambre; il prit une feuille de papier et écrivit :

« Mathilde, ta mère sait tout. Si tu manques de courage et de foi, nous sommes perdus. Il nous reste un moyen de salut : la fuite. Je serai jour et nuit à ta porte ou partout où tu pourrais me rejoindre. Tu peux te fier au domestique qui te remettra ce billet. MARC. »

— Vous remettrez ce billet à Mlle de Bourgaup. Vous m'apporterez sa réponse; vous ferez ce qu'elle vous dira. Vous resterez au service de la baronne jusqu'à ce que je vous permette de la quitter. Maintenant, emportez cet argent. Si vous êtes un coquin, vous me trahirez; si vous êtes un brave homme, vous

m'aiderez loyalement à faire une chose bonne
et juste.

— Et c'est tout, dit le laquais tout ahuri de
cette aventure ?

— C'est tout. Seulement quand vous quit-
terez le service de la baronne, vous lui direz
comment vous êtes devenu riche.

Marc attendit tout le jour ; le laquais ne revint pas. Il passa la nuit, une nuit froide et
pluvieuse devant l'hôtel Bourgaup. Mais l'ombre de la bien-aimée ne se projeta pas sur la
gaze lumineuse des rideaux.

ARTISTE ET DIPLOMATE.

XXI.

Le lendemain, de bonne heure, un jeune homme à la démarche agitée, presque fébrile, sonnait à l'hôtel du marquis de Sorligne. Il était vêtu d'un frac noir boutonné jusqu'au col. Son air de distinction contrastait avec ses vêtements vieux, d'une mode déjà passée.

— Monsieur le marquis n'y est pas, lui dit le concierge après l'avoir examiné de la tête aux pieds.

— Prévenez-le que je viens de la part de

madame la baronne de Bourgaup, et il y sera, dit le jeune homme après un court silence.

Le concierge revint avec l'ordre d'introduire.

Le marquis venait de se lever. Enveloppé d'une magnifique robe de chambre, il déjeûnait en parcourant sa correspondance et ses journaux. Il toisa l'arrivant d'un regard oblique, et, sans rien dire, lui montra un siége.

Le valet attendait des ordres.

— Monsieur, dit lentement le jeune homme en regardant le domestique, avant d'avoir l'honneur de vous dire l'objet de ma visite, j'ai des excuses à vous faire.

— François, sortez, dit le marquis.

— Monsieur, reprit l'inconnu, j'ai des excuses à vous faire : je ne viens pas de la part de madame de Bourgaup.

— Monsieur! dit le marquis avec hauteur et se levant.

Le jeune homme s'était levé aussi.

— Monsieur le marquis, dit-il avec une lenteur grave et digne, vous me comprendrez tout à l'heure, car vous êtes trop galant homme pour refuser l'honneur d'une entrevue à celui, quel qu'il fût d'ailleurs, qui se croirait lésé

par vous. Si j'ai recours à un subterfuge, c'est
que les circonstances n'admettent aucun re-
tard et que, seul, je puis vous expliquer ce qui
m'amène.

— Monsieur, dit le marquis en fesant un
pas vers un cordon de sonnette, je n'ai pas
l'honneur de vous connaître. Ne vous ayant
jamais vu, je ne crois pas avoir jamais pu vous
léser.

— Monsieur, veuillez comprendre qu'ayant
employé un mensonge pour entrer chez vous,
je ferai tout pour y rester.

Le marquis considéra un instant la calme et
énergique figure du jeune homme.

— C'est une menace, dit-il?

— C'est une résolution bien arrêtée.

— Et si je refuse de vous entendre?

— Vous ne refuserez pas.

Le marquis réfléchit. Ce ton, empreint à la
fois de décision et de dignité, cette audace
sans emportement, cette distinction si simple
le frappèrent. Il sentit qu'il y aurait plus d'intérêt à connaître cet homme qui se servait du
nom de madame de Bourgaup comme d'un
passe-port, que de prudence et de facilité à
vouloir le congédier.

— Monsieur, dit-il en prenant place, je vous écoute.

Marc — le lecteur l'a reconnu — s'était accoudé sur l'appui de la cheminée. Un sourire effleura ses lèvres. Il examina quelque temps, avec une curiosité haineuse, cet homme riche, puissant, heureux, dont un ambitieux caprice venait ruiner son bonheur à lui pauvre, misérable et souffrant.

— Monsieur de Sorligne, dit-il, permettez-moi une question : qu'eussiez-vous fait si un homme honorable mais pauvre et d'un nom obscur fût venu vous demander publiquement raison d'une mortelle offense.

Le marquis ne répondit pas.

— Je vous le dirai, moi; vous l'eussiez fait jeter dehors et bâtonner par vos laquais; ou bien vous l'auriez livré aux tribunaux, et tout le monde eût approuvé le noble marquis refusant de croiser le fer avec un vilain.

— C'est donc un duel que vous voulez, dit le marquis?

— Peut-être. Mais, cela étant, comme je ne suis ni duc, ni marquis, ni comte, j'ai cherché à éviter le ridicule d'un conflit avec une escouade de valets, ou les désagréments d'une

procédure judiciaire dont tout le profit et
l'honneur seraient pour le riche patricien.
Vous comprenez dès lors que j'aie pu user de
ruse et que je puisse user de violence, me ré-
servant de vous en faire de grand cœur les
sincères excuses que je vous prie d'agréer.

Le ton poli et froidement ironique de Marc
stupéfiaient le marquis presqu'autant que ces
étranges paroles. Le marquis n'était pas un
lâche. Mais, formé aux tortueux procédés de
la diplomatie, il faisait du courage une vertu
secondaire et de pure nécessité, et avait en
médiocre estime cette orgueilleuse valeur qui
aime et recherche le danger. La figure de cet
ennemi lui était tout à fait inconnue ; il pensa
un instant que c'était le frère de quelque pauvre fille séduite.

— Monsieur, dit-il après un assez long silence, vous voulez vous battre avec moi, si je
vous comprends. Vous paraissez décidé à me
contraindre à ce duel par tous les moyens.
C'est bien. Mais, avant, il conviendrait de me
dire qui vous êtes, et quelle offense j'ai pu
vous faire.

— Soit, dit Marc. Écoutez donc... Mon nom
ne vous apprendrait rien. J'étais pauvre, isolé

dans le monde, malheureux. Une jeune fille connut mes souffrances ; elle s'intéressa à ma destinée et m'aima. C'était une belle et pure jeune fille, Monsieur le marquis, et d'un grand cœur, puisque elle, noble patricienne, elle osa donner son amour à un homme obscur, sans fortune et sans famille. Nous étions heureux, moi, travaillant avec toutes les forces de ma nature à gravir ces hauteurs sociales qu'il me fallait atteindre pour pouvoir l'épouser, elle m'aimant d'un saint amour et jurant de n'être qu'à moi... Un jour, un homme vint, qui trouva à sa convenance le nom et la fortune de cette jeune fille. Sans même avoir remarqué sa candeur, sa beauté, son intelligence supérieure, tous les trésors de son âme, sans tenir compte de ses sentiments, il la marchanda, comme chose vile, à la mère dont il connaissait l'ambition et la dureté. Il était vieux avant l'âge, mais haut placé ; maladif et blasé, mais ses biens étaient immenses ; sans tendresse, mais il portait un beau nom. Il fut agréé. Vous comprenez cela, vous, n'est-ce pas ? La mère cependant avait découvert le roman de sa fille. Elle ne fit pas de bruit, car c'est une femme prudente et avisée. Elle offrit au jeune homme une somme d'argent pour obtenir son silence et son éloignement. La fille, caractère faible et docile, sera facilement domptée, et, dans deux ou trois mois, suffisamment préparée à devenir la très-noble et très-gracieuse épouse du marquis de Sorligne.

Le marquis écoutait, muet d'étonnement.

— Or, continua Marc, celui que la baronne méconnaissait assez pour lui présenter de l'argent, a jeté avec mépris en pourboire au laquais qui la lui remit, la somme offerte ; au lieu de prendre le chemin de la Grèce qu'on lui indiquait, il est allé vers l'homme qui lui avait tout ravi, et le voici devant vous, déterminé à sauver son bonheur ou à se venger.

Marc parlait avec une voix calme, froide, résolue. Il y avait bien dans son regard et dans son geste une certaine exaltation, mais elle était égale, mesurée, elle annonçait une irrévocable décision, et le marquis comprit qu'il se trouvait en face d'un danger très-réel. Comme il n'aimait pas Mathilde, les étranges révélations de Marc l'avaient médiocrement ému ; il n'y voyait qu'une sentimentale idylle de pensionnaire, sans conséquence aucune, et qui ne devait en rien changer ses projets.

— Maintenant, Monsieur le marquis, continua Marc, vous savez qui je suis et ce que je veux. De deux choses l'une : ou vous renoncez à mademoiselle de Bourgaup qui ne vous aime pas et qui m'aime, ou nous nous battons, ici même, à l'instant.

Marc tira de sa poche une paire de pistolets.

— Monsieur le marquis, dit-il, ces deux pistolets sont chargés. Je vais enlever la capsule de l'un d'eux et les placer au hasard dans ce vase. Vous aurez le choix... si toutefois vous persistez à vouloir épouser mademoiselle de Bourgaup.

Le marquis suivit tous ces préparatifs sans rien dire. Il cherchait un moyen d'arranger les choses.

— Rien ne presse, dit-il froidement. Si je me bats, ce sera à mon heure et devant mes témoins ; mais, recevez-en ma parole de gentilhomme, je vous donnerai satisfaction dans le cas où j'épouserai mademoiselle de Bourgaup après ce que je viens d'apprendre. Je veux bien admettre que l'histoire dont vous venez de m'entretenir soit vraie de point en point, quelqu'invraisemblable qu'elle paraisse.

Je vous remercie même de m'en avoir instruit. Mais, dites-moi, je vous prie, en quoi un duel, même heureux pour vous, pourrait améliorer vos affaires? Je ne refuse pas de me battre, je le répète, mais je tiens le duel pour une chose absurde en soi et dont il faut user en dernier lieu. Puis, je n'ai pas les mêmes motifs que vous de jouer ma vie. Je suppose donc que vous me tuiez, ce dont je vous crois fort désireux et fort capable. Je ne veux pas vous demander comment vous vous tireriez des mains de la justice, ni comment vous échapperiez à la vengeance d'une famille puissante qui certainement ne laisserait pas prospérer mon meurtrier. Vous devez avoir pris votre parti là-dessus. Mais, songez-y, la baronne que vous croyez ambitieuse, ne trouvera-t-elle pas un autre époux pour sa fille, ou, pensez-vous, en me tuant, acquérir ses bonnes grâces? Supposons que vous réussissiez à pourfendre un second, un troisième, un quatrième prétendant, pouvez-vous espérer occire d'une aussi lamentable façon tous les gendres quelconques qu'il plairait à la baronne de se destiner. Tenez, dit le marquis, il n'y avait pour vous qu'un moyen de réussir, — et

je m'étonne que vous n'y ayez pas pensé — c'é-
tait d'enlever mademoiselle de Bourgaup.

— Que m'importe, s'écria Marc, et que vous
mporte tout cela? je me le suis dit. Mais vous
renoncerez à Mathilde ou je vous tuerai. Je
sens que je vous tuerai, voyez-vous.

— C'est probable, si vos chances se mesu-
rent à l'étendue de votre haine. Mais, parlons
sérieusement. Vous êtes un homme d'esprit et
de résolution que je regrette, en vérité, de ne
pas avoir connu dans d'autres circonstances. Je
n'ai jamais compris, quant à moi, une vengeance dont la satisfaction n'assure pas un
avantage réel. Or, vous ne pouvez que perdre
en me tuant. Vous sentez vous-même que je
ne puis pas renoncer à mademoiselle de Bourgaup à la suite de vos menaces et de vos révélations, mais que je ne voudrais pas l'épouser
si elle ne m'aime pas. Si cet amour dont vous
me parlez existe comme vous le dites, je me
retire de grand cœur, et mademoiselle de
Bourgaup, aidée de son père, saura retarder,
sinon rompre entièrement ce mariage projeté.
Si, au contraire, vos rapports avec mademoiselle de Bourgaup sont tels, que votre imagination y ait plus de part que la réalité, et

que vous vous fassiez peut-être illusion au point de prendre vos désirs pour des faits acquis, j'épouse mademoiselle de Bourgaup et j'offre de vous rendre raison. Faisons une trève. Dans un mois je renonce ou je me bats.

Maintenant, Monsieur, dit-il en se levant, je crois avoir fait preuve de condescendance et de bonne volonté, et, en toute sincérité, vous avoir offert ce que vous désirez de mieux ; car si mademoiselle de Bourgaup ne soutient pas cette petite épreuve, raisonnablement vous ne pouvez rien espérer d'elle.

Tout cela était d'une impitoyable logique.

— Soit, dit Marc après un long silence, je le veux bien. Maintenant, écoutez à votre tour. Il vous sera facile tout à l'heure de me mettre dans l'impossibilité de nuire et de vous marier en paix. Marquis de Sorligne, regardez-moi bien. Voyez si j'ai l'air d'un homme qui, en s'exposant à se prendre dans son propre piége, ne garde pas, dans cette prévision, une résolution suprême. Retenez ceci : nous vivons dans un temps et dans un pays où l'on ne supprime pas facilement un homme. Si vous intentez une action contre moi, je serai peut-être emprisonné, mais ce sera pour un temps de peu de durée. Que ce soit pour un mois ou pour vingt ans, fussiez-vous au bout du monde, je n'aurai pas oublié, et je saurai vous retrouver.

— Monsieur, dit le marquis, je crois que nous nu'avons plus rien à nous dire.

— Rien absolument, si ce n'est à vous apprendre mon nom.

Et Marc, s'inclinant, tendit sa carte.

LETTRE.

XXII.

En rentrant, Marc trouva le billet que voici :

Monsieur,

Je n'ai pu glisser votre lettre que ce matin,
parce que madame la baronne était toujours
avec Mademoiselle. Nous quittons Bruxelles
dans quelques heures. On parle d'un voyage en
Italie. Comptez sur moi. Je vous écrirai de
notre première étape. Votre serviteur dévoué,

ROMAIN.

DÉLIRE.

XXIII.

Jusque-là Marc avait courageusement écarté
le doute. C'est que Mathilde était là, c'est qu'il
l'enveloppait de sa volonté, de sa tendresse;
c'est qu'il pouvait la voir; c'est qu'il sentait
combien elle lui était soumise, et que sa puissance à lui absorbait ses faiblesses à elle.
Mais, elle absente, tout changeait. Ce départ
brisait les espérances de Marc; un sinistre
pressentiment tuait sa foi, non dans l'amour,
mais dans le courage, dans les forces de Ma-

thilde. Il savait trop que loin de lui, les résolutions de cet enfant allaient faiblir et se perdre ; il redoutait les malignes influences de l'intrigue et de l'éloignement. Tout homme a ses heures de défaillance morale, et, parmi les misères humaines, il n'y a pas de spectacle plus navrant que celui d'une grande énergie qui ploie, d'une grande espérance qui s'affaisse sous l'effort de la douleur et de l'évidence.

Jeannette trouva l'étudiant étendu sur le plancher de sa chambre, évanoui, pâle et sanglant. Dans la chute, la tête avait frappé l'angle d'un meuble. La bonne et vigoureuse fille jeta un cri, et, le soulevant dans ses bras, elle le porta sur le lit.

Marc eut la fièvre et le délire ; sa vie fut en danger.

XXIV.

Dans cette crise, où sa volonté n'éprouvait plus la règle du jugement exercé qui était un trait remarquable de son caractère enthousiaste, Marc se révéla à moi tout entier ; je connus toutes ses tendresses, toute son énergie, toutes ses souffrances.

Rien n'était beau comme le délire de Marc. Affranchie des entraves de la vie réelle, planant en liberté dans le monde idéal de ses rêves, au milieu des véritables éléments de sa nature, cette étrange et puissante organisation déployait, avec une magnifique ampleur, ses riches facultés. Dans les visions incohérentes de la fièvre, il nous étonnait souvent par la profonde logique de son esprit, ou nous touchait par la douce expansion d'un sentiment délicat. Il parlait des heures entières avec une éloquence entraînante. Parfois il se croyait quelque grand orateur, quelque grand artiste des siècles passés, parfois il conversait avec Marie, la bien-aimée des premiers jours et le souvenir de toute sa vie, avec sa mère ou avec les grands hommes qu'il avait le plus aimés ou admirés. C'était une chose triste et admirable à la fois que cette âme vigoureuse, brisant les liens qui l'attachaient à la terre, et cherchant elle-même son milieu préféré, au-dessus d'un monde hostile, loin des rumeurs discordantes et des vulgaires obstacles.

XXV.

Des souvenirs d'enfance, tout parfumés de fraîche poésie, venaient sans cesse attendrir son cœur. Il songeait au village ou il était né, où il avait aimé et perdu Marie, où sa mère était morte. Sa voix alors devenait enfantine, et prenait un ton de confidence naïve.

— Vous savez bien, Marie, que ce n'est pas ma faute, pas ma faute du tout. Les chères sœurs nous ont retenus pour le catéchisme, et, quand je suis revenu à la maison, maman m'a fait faire une longue course. Pendant ce temps, nos pauvres jolies fleurs sont mortes, mortes de soif. Pauvres jolies fleurs ! pardonnez-moi; pardonnez-moi aussi, Marie, car vous les aimiez bien. Celle-ci qui enroule ses pétales fanés et semble porter son propre deuil est celle dont vous admiriez le radieux épanouissement. Celle-là avait hier encore un suave parfum dont vos lèvres étaient tant amoureuses. Pauvres jolies fleurs ! Maman nous en donnera d'autres ; nous les planterons dans notre petit jardin, nous ne les laisserons manquer ni d'eau, ni de soleil, nous les soignerons mieux que les autres : mais les aimerons-nous autant, Marie ?

D'autres fois,

— Oh ! ma mère ! pourquoi as-tu quitté sitôt ton enfant bien-aimé ? Tu étais ma joie, mon orgueil, ma force. Toi partie, je suis resté seul et triste. Le doute a étouffé mes douces croyances et cerclé mon esprit de terribles angoisses. Je suis plus faible qu'un enfant. Tu as été l'ange gardien de ma vie, et maintenant je n'ai plus rien. Plus rien ! Mes illusions étincelantes se sont enfuies. Me voyant morose et souffrant, elles sont allées se réfugier dans des cœurs plus chauds et plus joyeux. Mes espérances sont brisées ; mes désirs eux-mêmes ont perdu leur juvénile énergie. Mon ardeur s'est amollie, et le souvenir des heureux jours d'enfance — où ton image adorée se retrace partout, oh ! ma mère ! — est le seul aliment de ma pensée. Qu'ai-je fait pour être ainsi éprouvé ? J'étais né pour échauffer mon cœur au foyer de la famille, et bientôt j'ai connu les larmes solitaires et le froid de l'indifférence. J'étais né pour aimer, pour rendre heureuse la jeune fille de mon choix, pour faire largesse des trésors du cœur, et j'ai perdu Marie, et je ne l'ai plus retrouvée. J'étais né pour autre chose encore; une étincelle brillait en moi; mais elle est éteinte à jamais; mon esprit s'est couvert de rouille et mon énergie a peu à peu perdu sa trempe. J'ai tout dissipé et tous m'ont quitté. Mais toi, bonne mère, tu ne m'as pas quitté. Tu as abandonné ton beau paradis d'or et d'azur pour venir t'asseoir à mon chevet, pour poser ta main sur mon oreiller de souffrance et rafraîchir de tes baisers mon front brûlant. Mais dis-moi, mère? Marie n'avait-elle pas une sœur? une sœur dont l'image et le souvenir me fuient; une sœur plus grande et plus pâle, toute vêtue de soie et portant des bijoux? Elle avait sur elle l'odeur du réséda et ses mains étaient blanches et mignonnes.

Ce fut la seule fois qu'il parut se souvenir de Mathilde.

Dans un autre moment, il se dressa debout sur son lit, d'un seul bond, l'œil en feu et les muscles tendus.

— A moi, cria-t-il en brandissant avec force une arme qu'il avait décrochée du mur, à moi les hommes de la canaille héroïque et vengeresse! Le boulet des tyrans mine vos barricades, la mitraille des assassins décime vos rangs. Qu'on amoncèle d'autres pavés et que les morts fassent place à de nouveaux combattants ! Frères ! n'oubliez pas quel est le prix de la victoire ou de la défaite ; n'oubliez pas que vos mères, vos sœurs, vos femmes se tordent sous l'étreinte de la honte ou de la faim ; n'oubliez pas que, de la fortune publique jetée dans le gouffre de la corruption, il ne reste pas de quoi acheter du pain à vos enfants, un vêtement à vos vieux parents qui grelottent ; n'oubliez pas que d'infâmes oisifs, qui vivent dans l'ignorance et l'orgueil et ne se plaisent qu'aux courtisanes, aux chiens et aux chevaux, vous traquent comme des bêtes fauves, vous exploitent comme des esclaves, vous avilissent et vous méprisent comme des brutes ! N'oubliez pas que l'heure présente est l'heure de votre régénération solennelle ou de votre perte sans espoir ! Regardez ces palais : ce sont de somptueux lupanars, regardez ces temples, ils sont livrés aux vendeurs et aux impies ; regardez ces hommes qui se drapent dans la pourpre et qui portent l'auréole au front, ce sont de faux prêtres et de faux rois. Ils ont violé la chaste et fière liberté, et en ont fait la servante de leurs laquais. Martyrs de la cause sainte! cimentons de notre sang ce dernier et imprenable boulevard du droit. Derrière cette muraille de pierre qui s'écroule, édifions avec nos cadavres une immortelle barricade de chair !

Il était magnifique ainsi de beauté sauvage et d'enthousiasme.

Une autre fois, il sourit doucement :

Comme c'est beau des rosiers emperlés de rosée qui s'épanouissent au soleil levant ! Comme c'est doux une vallée étroite et paisible qui s'embrume légèrement, au soir, quand la fumée s'échappe en blanches colonnes de toutes les cheminées du village. Les haies odorantes des sentiers, les prés fleuris, les fleurs des champs et des bois livrent à la brise leurs mille parfums qui s'harmonisent avec les voix intimes de la nature. Ces petites voix viennent on ne sait d'où, de la forêt, du ciel, de l'arbre, de l'herbe, du ruisseau lointain, et s'en vont droit au cœur comme l'écho affaibli d'une chanson d'enfance. Quelques chèvres gourmandes, de belles vaches qui regrettent la prairie en retournant à l'étable, de petites vachères encore enfants, jolies et déjà coquettes ; un villageois qui fume gravement sa pipe de terre en s'inquiétant du temps ; un vieux prêtre lisant son bréviaire le long du chemin, une brune fille qui puise de l'eau à la fontaine où, souriante, elle se mire ; c'est tout. Te souviens-tu, Marie, que nous allions souvent nous asseoir sous les grands châtaigniers de la chapelle, la main dans la main, heureux sans le savoir, pour écouter cette secrète harmonie du silence, ce recueillement religieux et naïf qui se répand sur la nature avec le crépuscule. Il y avait, sous l'un des arbres, un bloc de rocher tout couvert de mousse. Quand ma mère nous accompagnait, c'était là qu'elle prenait place, et nous nous mettions par terre devant elle ; ma mère nous donnait de petits gâteaux que nous partagions avec les moineaux familiers et avec des chevriers en guenilles qui venaient nous regarder manger.

Et il pleurait tout en souriant doucement.

XXVI.

Pendant ces trois semaines, je ne l'avais presque pas quitté. Son professeur de clinique et un étudiant en médecine, notre ami commun, l'avaient soigné comme un frère. Jeannette avait montré un dévouement extraordinaire. On eût dit que cette fille vulgaire et rude avait deviné les secrètes douleurs du jeune homme et qu'elle pouvait les comprendre. Et comme la comédie montre toujours, dans le drame, sa face bouffonne et railleuse, tout le monde avait pu remarquer les grotesques et jalouses inquiétudes de M. Birnbau m.

Un matin, — j'étais seul avec lui, — Marc se réveilla parfaitement calme, et avec toute sa raison. Il m'interrogea sur ce qui s'était passé. Nous causâmes longtemps. Tout à coup je le vis trembler et devenir pâle.

— Ces lettres, dit-il, donne-moi ces lettres.

Il y avait sur la table trois lettres qui étaient venues depuis quelques jours. Je n'osais pas les lui donner. Il devint furieux.

— Ces lettres, je veux ces lettres ! cria-t-il en s'élançant de son lit.

Je les lui remis.

PREMIÈRE DES TROIS LETTRES

XXVII.

DU MARQUIS DE SORLIGNE A MARC BRUNO, ÉTUDIANT.

Monsieur,

Vous êtes un trop galant homme pour qu'on puisse manquer de procédés avec vous. Il y aura tantôt trois semaines que j'ai quitté Bruxelles, vous laissant une promesse que je tiens aujourd'hui, même avant son échéance, veuillez le remarquer.

Je joins à ma lettre un billet de Mlle de Bour-gaup.

Bien que je n'aie l'honneur de vous connaître que fort peu, et par suite de regrettables circonstances, permettez-moi de vous faire de sincères offres de services. J'occupe une position où je puis facilement obliger un homme d'avenir comme vous, Monsieur : prouvez-moi que vous ne gardez aucune pensée hostile, en ne l'oubliant pas.

Marquis DE SORLIGNE.

Cette lettre contenait le billet que voici :

Monsieur le Marquis,

Maman m'a remis ce matin le magnifique écrin que vous m'envoyez de Rome. Je vous remercie, Monsieur, de cette attention et des choses aimables que renferme votre lettre. Vous désirez que je vous fasse part de mes goûts quant au lieu de notre résidence future. En ceci, comme en toutes choses, Monsieur le Marquis, il faut consulter vos intérêts et vos goûts plus que les miens. Si nous ne pouvons rester auprès de mes parents, il m'est indifférents que nous habitions la Belgique ou l'Italie, la campagne ou la ville.

Maman me charge de vous faire ses amitiés. Le baron va un peu mieux. Ils se joignent à moi pour vous rappeler que c'est le mardi que nous réunissons à la villa les bons amis que nous avons ici.

Mathilde de Bourgaup.

XXVIII.

Monsieur,

Nous sommes arrivés depuis quelques jours à Rome où nous occupons une villa non loin des portes. Ce matin la baronne, qui paraît se douter de quelque chose, m'a signifié que je ne fesais plus partie de sa maison. Cela m'était bien égal, mais comme je la déteste cordialement et que je suis riche, grâce à vous, je me suis passé la fantaisie de lui dire son fait, à ma façon. On sait à l'office bien des choses que les maîtres croient secrètes, et la baronne gardera mon souvenir. Mais laissons cela : ainsi que vous me l'aviez recommandé, je lui ai raconté comment vous m'avez donné vingt mille francs, sans cependant lui dire la commission dont vous m'aviez chargé pour sa fille. Au récit de votre libéralité, ce vieux chat-huant est devenu de la couleur d'un champignon vénéneux qu'on déchire de la pointe du pied.

On peut avoir été valet, Monsieur, et n'être pas dépourvu de reconnaissance. Vous avez fait ma fortune, je ne sais par quel étrange caprice. J'ai voulu vous rendre service autant que cela était en mon pouvoir; voici comment :

Il m'a été facile de deviner que vous aimez mademoiselle la baronne, que vous en êtes aimé et qu'on veut forcer cette gentille demoiselle d'épouser ce vilain marquis de Sorligne. J'ai eu toutes les peines du monde à remettre votre billet, car la baronne ne quittait pas sa fille de l'œil. Dans le cours du voyage j'ai pu causer avec la pauvre demoiselle qui m'a fait une foule de questions sur vous, et je crois même qu'elle a eu un instant l'intention de s'enfuir; elle pleurait comme une fontaine, que cela fendait le cœur. Ce qui rendait sa douleur plus pénible, c'étaient les efforts qu'elle devait faire pour cacher ses chagrins à son père. Car vous savez que le baron est d'une irritabilité nerveuse telle qu'on doit recourir aux plus grands ménagements et qu'un rien peut amener une rechute mortelle.

La vieille baronne paraissait ne rien voir, ne rien comprendre. Elle était doucereuse avec sa fille, câline avec son mari qu'elle déteste, insupportable pour tout le monde. Voici qui vous donnera la mesure de sa méchanceté. Cette vieille vipère a si bien persuadé au baron que Mlle Mathilde est au comble du bonheur de son prochain mariage avec le marquis, que le vieillard, qui n'est pas malin depuis sa maladie, est dans la jubilation. Il y a une chose horrible à dire ; c'est qu'elle menace Mlle Mathilde de faire intervenir le baron si elle ne consent pas de bon gré au mariage. Or, Mlle Mathilde sait bien que se serait tuer le vieillard.

Ne me demandez pas, Monsieur, comment je sais tout cela : un valet sait tout ce qu'il veut. Vous m'avez mis sur la voie ; j'ai observé, écouté, épié, comparé ; je me suis rappelé ;

j'ai suivi la piste de cette intrigue comme un chien d'arrêt suit la piste du gibier.

Le marquis est à Rome ; il vient souvent à la villa. Il écrit tous les jours. Hier, Mademoiselle m'a remis en secret deux lettres, l'une à votre adresse que j'ai mise à la poste, l'autre à celle du marquis, que j'ai soumise à un examen minutieux avant de l'expédier. C'est bien le moins, Monsieur, que je vous dise les secrets du métier : cette lettre, je l'ai adroitement ouverte, j'en ai pris une copie que je vous envoie ci-incluse ; puis je l'ai non moins adroitement recachetée. A l'heure qu'il est le marquis doit l'avoir reçue.

Maintenant, Monsieur, que je ne puis plus vous être utile ici, je fais mes dispositions pour revenir en Belgique. Je m'établirai à Bruxelles. Je viendrai vous remercier et vous souhaiter, pour vous-même, tout le bonheur que je vous dois. Rappelez-vous toujours quand vous aurez besoin d'un homme dévoué,

Votre reconnaissant serviteur,

ROMAIN.

Voici la lettre que Mlle de Bourgaup écrivait au marquis et dont Romain envoyait la copie à Marc :

Monsieur le Marquis,

Ma mère désire que notre mariage soit célébré aussitôt que possible et vous insistez pour que je réponde intimement aux longues lettres que vous me faites l'honneur de m'écrire. J'aurais voulu, Monsieur, attendre l'entier rétablissement du baron, mon père. Les inquiétudes que son état m'inspire et les regrets que me cause la pensée de devoir bientôt le quitter, excuseront, je l'espère, le peu d'empressement que je montre à voir hâter notre union. Néanmoins, Monsieur le Marquis, j'ai trop bien appris à subordonner mes volontés ou mes désirs à ceux de mes parents pour ne point me réjouir avec eux et vous de notre prochain mariage. Mais j'aurais souhaité que ce mariage eût pu être retardé jusqu'à ce que les sentiments officiels et convenus, que nous avons l'honneur de nous exprimer mutuellement, eussent fait place à des sentiments plus intimes et surtout plus vrais. Nous faisons ce qu'on appelle volontiers un mariage de convenance. Vous avez trop d'esprit, Monsieur le Marquis, pour vouloir me tromper à cet égard, et j'ai trop de franchise pour consentir à jouer une indigne comédie. Vous ne m'aimez pas et je ne vous aime pas. Nous ne faisons donc point un mariage : nous faisons un contrat, un marché, une affaire.

A ce point de vue, Monsieur, et puisque je n'y puis et n'y dois rien faire, il m'est indifférent que cela se fasse demain ou un autre jour. Seulement, je voudrais que vous tinssiez compte de ce que je fais en ce moment, de ce que vous traiterez de caprice, d'espièglerie d'enfant. Peut-être plus tard, Monsieur, quand je vous connaîtrai mieux, pourrai-je apprécier, comme elles le méritent, toutes vos qualités de cœur et d'esprit dont on se plaît à faire autour de moi de si pompeux éloges : Mais d'ici-là, Monsieur, vous ne trouverez en moi que l'obéissance passive, le dévouement obligé que l'évangile et le code imposent également à la femme.

MATHILDE DE BOURGAUP.

TROISIÈME DES TROIS LETTRES

XXIX.

DE MATHILDE A MARC.

Je voudrais me jeter à deux genoux devant vous, Marc, comme Madeleine devant le Christ. Ne me maudissez pas ! Je suis également indigne de votre amour et de votre haine. Peut-être me pardonnerez-vous, mais toute ma vie, à moi, ne sera qu'une longue expiation de ma lâcheté. Car je suis lâche, Marc, comme je n'aurais jamais pensé qu'on pût l'être ; mais ne me croyez pas mauvaise. Cet autre homme, je le déteste, et pourtant je suis sa femme. Mais, sachez-le : s'il doit devenir mon maître, je ne connaîtrai jamais deux amours. Je ne sais pourquoi je vous écris ; je suis comme folle. Je ne crains qu'une chose, votre mépris, et je ne mérite pas même votre pitié.

Croyez-le, maintenant que tout est consommé, j'ai toujours été sincère avec vous. Je le suis encore. Rien n'est autre en moi ; et ni le désespoir, ni la nécessité n'ont détruit ou changé mes sentiments. Vous serez toujours pour moi l'idéal et l'amer regret de toute ma vie, Aucune pensée rivale de la vôtre n'existe dans mon cœur. J'entre dans cet hymen, où l'on me pousse, comme dans une tombe.

Jusqu'ici la vie avait eu pour moi des horizons riants, éclairés par de libres espérances ; elle avait eu pour moi des faces rayonnantes et des éclairs radieux ; maintenant tout est terne, glacé, austère, rigide comme la fatalité.

Soyez bon, Marc, soyez généreux et grand ; pardonnez-moi, mais ne m'oubliez pas ; plaignez-moi quelquefois. Je ne suis pas la femme que vous avez cru, la femme qu'il vous faut. Vous êtes, vous, une âme d'élite, pleine de sève, d'ardeur, de puissance. Mais, j'ai un cœur d'esclave qui chérit ses chaînes et sa honte.

Encore une fois, Marc, et la dernière, pardonnez-moi ! Je ne veux pas excuser ma conduite. J'ai été lâche, voilà tout. La vie s'ouvre devant vous, large et splendide. L'art, la gloire, d'autres tendresses vous attendent. Vous trouverez un jour la femme qu'il vous faut. Elle ne vous aimera pas plus que moi, Marc, mais elle sera plus forte et elle vous rendra heureux. Alors vous me pardonnerez, alors vous me plaindrez, alors votre cœur s'attendrira de pitié, car, en serrant cette fortunée sur votre poitrine émue, vous penserez qu'il y a quelque part une pauvre femme pâle et brisée qui use ses yeux dans les larmes, ses pensées dans les souvenirs railleurs d'un passé heureux, son cœur dans des espérances flétries qui se tournent vers la tombe. Adieu, Marc, à jamais, adieu !

Mathilde.

TROISIÈME PARTIE.

—

XXX.

MONOLOGUE D'UN ÉLECTEUR ÉLIGIBLE A PROPOS
DE MARC.

— « Après tout, c'était sa faute, n'est-ce
pas? Qu'avait-il besoin, lui, pauvre diable,
sans nom et sans fortune, d'ouvrir son cœur
à un amour millionnaire et portant blason?
Vit-on jamais le matou sauvage lorgner d'amour
l'opulente gazelle? N'est-il pas passé depuis
longtemps, cet âge mythologique où des reines
épousaient des bergers? Et, dites-moi, je vous
prie, ne fallait-il pas être fou pour s'imaginer
qu'une fille belle, riche, titrée, irait chercher

son mari dans les mansardes? Qu'elle préfé-
rerait aux dentelles, au velours, aux pierre-
ries, à l'élégante oisiveté du grand monde,
l'indienne des femmes pauvres, une existence
humble et laborieuse? Qu'elle mangerait avec
goût le pain amer de l'artiste et trouverait un
sommeil heureux sur son dur grabat? Et la loi
de la misère, n'est-elle pas là pour tous? Le
donjon plane sur la montagne; la cabane se
blottit au bas du vallon. Parce qu'il loge dans
une mansarde, ce Marc, il se croit aussi élevé
que les habitants du donjon; s'il lui fallait de
l'amour, que n'allait-il en demander aux femmes
de son niveau? Et quand on a tant d'ambition,
ne faut-il pas réussir pour n'être pas ridicule?
On est pauvre : eh bien, c'est qu'il faut travailler; on est riche : eh bien, c'est qu'il faut goûter
la vie. Ce n'est pas autrement. Lui était né pauvre, dans une petite ville : il devait aller à l'école,
puis un peu au collége, puis entrer dans une
étude de notaire ou d'avoué comme clerc,
épouser la fille de l'épicier du coin et mourir
marguillier; ou bien se faire soldat pour finir
patriotiquement dans un hôpital ou sur un
champ de bataille en criant *vive le roi!* sans savoir ni pour qui ni pour quoi; ou bien, s'il était

intelligent, mériter l'attention du curé qui l'eû^t envoyé au séminaire ; ou bien paver des rues, porter des fardeaux ou entrer dans un atelier de forgeron. C'était là sa voie ; il y eût été heureux. Au lieu de cela, tout enfant, il fait l'école buissonnière, court après les papillons et mange des gâteaux sous les marronniers de la chapelle. A seize ans, il se fait chasser du collége où sa mère l'avait placé à force de veilles et de privations, et cela pour avoir lu des romans. De seize à dix-huit ans, il flâne, rêve, court les champs, lit, fait de fort méchantes croûtes : il paresse. Sa mère meurt. Le voilà qui prend soudain la belle résolution de devenir médecin. Il travaille comme un malheureux, et, après deux ans d'arides labeurs, il part pour la capitale avec une santé compromise et une pension que lui fait un brave homme d'oncle pour se débarrasser de lui. Dès lors il vit comme il peut et veut, Dieu sait comme ! Voilà maintenant qu'après deux ans, il vous tombe amoureux d'une grande dame, d'une millionnaire, d'une baronne, et, parce que cette grande dame, cette millionnaire, cette baronne ne se laisse pas éblouir par son habit rapé, son diplôme de candidat en médecine, ses yeux bleu azur, le voilà qui râle, qui délire, qui se désespère, qui se meurt.

» Dites-moi, n'est-ce pas tout simplement absurde, et n'eût-il pas fallu l'envoyer directement à Gheel? »

RÉPUBLICAINS.

XXXI.

Notre ami, l'élève en médecine qui avait soigné Marc, était une tête exaltée et un ardent socialiste. Sa foi antique nuisait parfois à son jugement et le jetait au milieu des entreprises les plus aveugles.

Il dit à Marc :

— Pour guérir, il faut une puissante diversion à tes douleurs morales ; il te faut l'*action*, mais une action pleine de péril, de drame, de passion glorieuse. En ce moment la vieille Europe monarchique, sourdement minée de toutes parts, va s'émouvoir d'une commotion terrible. D'audacieux pionniers sapent un passé odieux, montent à la brèche du système vermoulu ; d'autres travailleurs jettent la semence des idées dans le champ de l'avenir. Sois des nôtres. Que veux-tu faire de ta vie, maintenant qu'elle est détachée de tout ? Plutôt que de l'user dans des regrets indignes de toi, dans des souvenirs qui te rendraient fou, dans un désespoir stérile, fais-toi le soldat dévoué de la grande cause humanitaire.

La société secrète dont Henri faisait partie avait pour but avoué la déchéance du roi et la proclamation de la république. Les chefs en étaient des hommes jeunes et de bonne foi, trop épris des belles théories pour être des hommes pratiques, trop francs pour s'apercevoir qu'ils servaient d'instruments à des ambitions occultes. A côté d'hommes sincèrement enthousiastes, se trouvaient comme toujours des ambitieux effrénés, des hommes d'intrigue et de désordre, perdus de dettes et d'honneur. Elle offrait néanmoins ces éternelles séductions du danger, du mystère, du dévouement, d'un but glorieux, et une certaine lumière d'héroïsme que la passion et l'éloquence de quelques membres jetaient sur elle. Au fond, cependant, il n'y avait dans cette association rien de véritablement fort : elle n'était pas une manifestation spontanée de l'esprit public ; et, comme elle devait son existence à l'ambition et au zèle peut-être sincère mais inconsidéré de quelques-uns, elle ne pouvait tendre que vers un coup de main , et calculait sur l'imprévu. Au reste, sous des dehors patriotiques, comme elle n'était qu'une succursale de foyers révolutionnaires étrangers, elle n'avait rien de national : ce fut ce qui frappa Marc tout d'abord.

Il y alla deux fois et n'y retourna plus.

— Vois-tu, Henri, dit-il à l'ami qui s'en étonnait, j'en ai assez vu. Veux-tu me croire à ton tour comme je t'ai cru ? Eh bien, ne retourne plus à ce club ; crois-moi, n'y retourne plus. Le but vers lequel cette société marche n'est pas celui que tu voudrais ; les voies qu'elle poursuit sont impopulaires en Belgique. Je ne renie pas les opinions de toute ma vie ; mais je pense que les idées républicaines n'ont pas acquis, dans ce pays, la maturité voulue. En ce moment la Belgique est monarchique, autant par raison que par tradition et par goût. Elle aboutira à la république comme tous les États du monde finiront par y aboutir, mais cela en son temps. Il n'est jamais bon de placer l'avenir dans le présent. Ce qu'il y a à faire, c'est de hâter la culture des esprits et des mœurs ; pas autre chose. Vouloir autre chose c'est vouloir un autre but que celui qu'on avoue. Quant à moi, j'ai toujours pensé qu'on ne force ni les idées, ni les inclinations,—fût-ce pour le bien —et pas plus celle d'un peuple que celle d'un individu. S'il s'était agi de travailler au grand jour, par la parole, par la plume ou par l'exemple, j'eusse été heureux de m'adjoindre à vous. Vous procédez par guet-à-pens, — cela ne me va pas. Je conçois que l'on conspire sous un régime de compression ; mais, dans un pays constitutionnel, lorsqu'on a la tribune et le journal, le télégraphe et les chemins de fer, cela est absurde, et je n'en suis pas. Ton conseil toutefois est bon et j'en fais mon profit : J'avais pensé un instant aller me faire tuer en Afrique, mais il y a mieux à faire que cela, à notre époque, pour un homme intelligent et fort.

— Comme tu veux, Marc, dit Henri avec tristesse ; moi je reste.

LES AMOURS D'UNE MOMIE.

XXXII.

Six mois avaient passé sur tout cela.

C'est-à-dire que Mathilde de Bourgaup s'appelait Mathilde de Sorligne, que M. Birnbaum avait épousé Jeannette, que Henri s'était brûlé la cervelle au moment d'être arrêté, que Marc était comme auparavant l'étudiant pauvre, étrange de caractère et d'habitudes.

Seulement une activité prodigieuse l'enchaînait incessamment au travail. Il était devenu railleur et un peu plus sceptique. Son visage vieilli avait conservé son cachet d'exquise distinction, mais le pli de l'amertume avait marqué son front et le coin de ses lèvres. Ses yeux agrandis par l'amaigrissement de la face avaient un feu plus sombre.

Or, il advint qu'un soir d'hiver, Marc, étant seul, s'endormit de fatigue devant ses cahiers ouverts.

La lampe jetait une parcimonieuse clarté sur la table encombrée de papiers et de livres, laissant dans l'ombre presque toute la chambre et la personne même de l'étudiant. Au dehors le vent faisait grincer et trembler les ardoises des toits. De bruyantes rafales chargées de pluie fouettaient les vitres, s'engouffraient dans la cheminée grondeuse, apportaient les rumeurs de la rue, le son de l'horloge, un cri lointain, un bout de chanson venu on ne sait d'où. Les vieilles girouettes caqueteuses racontaient aux chats noirs des gouttières les aventures du vent et les événements du sabbat. On entendait dans les hauteurs comme de longs miaulements. De temps en temps des glapissements singuliers, des hennissements inconnus passaient, fuyaient, tourbillonnaient dans l'air avec le souffle fougueux de la tempête, tandis

que le chevrotement fantastique d'un bouc
lascif semblait s'éloigner et se rapprocher
tour à tour. Au milieu et au-dessus de tout
cela, soit au plus fort de l'ouragan, soit dans
les courts intervalles de silence où il reculait
au loin pour prendre un nouvel élan, on entendait vaguement des cantiques d'anges mêlés
aux ricanements blasphématoires des démons.
Tous ces bruits, ces rires goguenards, ces
plaintes lointaines ou étouffées, ces haleines
fatiguées, ce cauchemar extraordinaire de la
nuit, peuplèrent de singulières visions l'imagination inquiète de Marc.

La transition de la veille au sommeil est une
des plus délicieuses choses qui soient. Il semble
que l'âme, s'évadant avec mille précautions,
amuse et distraie le corps par des sensations
inconnues, pour mieux lui cacher sa fuite. La
petite chambre de Marc se changea pour
l'étudiant en un léger aérostat dont son fauteuil devint la nacelle. La lampe brilla comme
un soleil et lui-même vogua dans les airs,
tantôt chassé avec violence par la tempête,
tantôt mollement bercé sur des nuages roses
par un souffle odorant et tiède. Les horizons
pourprés par le soleil, les hauts pics neigeux,

les vallées sombres et embrumées, les déserts
de glace ou de sable, les immenses cités
fuyaient sous lui avec une rapidité vertigi-
neuse.

Bientôt, par un de ces revirements inex-
plicables, non moins étranges que le rêve qui
les produit, la fantaisie du dormeur le trans-
porta dans une salle spacieuse, encombrée
d'une multitude d'objets de toute forme, de
toute nature. C'étaient des armes, des pierres
monumentales, des chinoiseries, des costumes
historiques, des sculptures, des antiquités
romaines, celtiques, assyriennes, des animaux
fossiles, des oiseaux empaillés, des fournaux
d'alchimiste, des vases et des bijoux d'une
autre époque, des mosaïques, — tout un
monde de choses enfin où se retrouvaient des
débris de tous les âges, de toutes les civilisa-
tions, les produits de toutes les zônes, tout
cela classé, rangé, étiqueté comme une bibliothèque.

A gauche de la porte étaient deux momies :
l'une était celle d'un roi inconnu ; l'autre, celle
d'une femme, d'une prêtresse d'Osiris.

Marc reconnut le musée de la porte de Hal,
cette grève belge.

Il regarda la prêtresse momifiée. Elle lui semblait avoir les lignes correctes et pures d'un marbre grec. La coupe délicieuse des épaules, le développement hardi et voluptueux des hanches, une certaine beauté sévère et chaste avaient bravé le néant de la tombe. Il y avait de la jeunesse et de la grâce dans ce cadavre de trois mille ans.

Il regardait, pensif et triste ; il lui parut qu'il existait une sorte de sympathie entre cette ruine et lui-même. Il était attendri et secrètement effrayé du spectacle de cette fraîche jeune fille glacée et ternie par son livide et séculaire accouplement avec la mort. Il était ému de pudeur de la voir exposée sans voile aux regards curieux de tout le monde : il eût voulu lui creuser pieusement une tombe quelque part au milieu des fleurs et dans l'ombre. Involontairement, sans qu'il le sût, ses larmes coulaient. Tout à coup une transfiguration mystérieuse s'accomplit dans ce cercueil. Le cadavre se réveillait, jeune, gracieux, souriant, éclatant de sève et de beauté. Une chevelure magnifique couvrit de ses ondes noires des épaules d'ivoire lacté, et le corps vêtit sa nudité d'un voile d'azur frangé d'argent. La tête rappelait ce type africain plein de langueur chaste, de fierté et de noblesse. Ses beaux bras, brunis par le chaud soleil de Memphis, ornés de bracelets, s'arrondirent avec élégance : elle s'éleva légèrement dans l'air comme une vapeur d'encens, et une lumière douce sortant de ses grands yeux rayonna dans l'âme de Marc, tandis qu'une obscurité crépusculaire enveloppait toute la salle. Les lèvres roses de la jeune prêtresse s'ouvrirent et il en sortit un parfum et une musique d'une douceur infinie.

Chose plus étrange, cette musique était comme un langage mystérieux que Marc entendait pour la première fois et qu'il comprenait cependant :

— Jeune homme des climats neigeux, disait cette musique, est-ce donc dans l'adolescence que l'on vient demander des consolations aux tombeaux ! Hélas ! j'ai pleuré en te voyant souffrir, mais les larmes des mortes sont sans puissance sur le cœur des vivants. Du fond de ma tombe j'ai souvent vu ton pâle visage s'incliner vers moi ; et toi, n'as-tu jamais senti que l'amour existe même au-delà de la vie terrestre ; qu'il peut former un lien intime entre ceux qui sont et ceux qui ont été?

Mais les mortes n'ont pas de voix, n'ont pas de charmes, n'ont pas de séductions pour se plaindre et pour attacher. Les amours de la terre ont les irrésistibles attraits des sens, de la beauté, de la jeunesse, de la fragilité même; ceux d'outre-tombe sont profonds, graves, mystérieux comme l'éternité. Oh! Marc! si la mort pouvait parler, la terre ne serait bientôt peuplée que de sépulcres.

— Vierge du Nil — répondit sans étonnement le jeune homme dans ce même langage musical, — les affections de ce monde sont amères comme le poison. Tu es plus belle qu'un rêve et plus pure qu'une étoile; mais j'ai aimé, et j'ai brisé mon cœur comme un cristal précieux.

Une larme roula, semblable à un diamant liquide, sur le visage attristé de la prêtresse d'Osiris.

— Tu as brisé ton cœur comme un cristal précieux, mais ses éclats se réuniront pour souffrir encore. Car rien ne périt, et, pour ceux de la terre, vivre c'est souffrir. J'ai vu, sous les platanes, jouer et rire des enfants, j'ai vu le fiancé conduire à l'autel la jeune fille rougissante, j'ai vu le conquérant frapper du

talon le monde subjugué, j'ai vu le vieillard
retrouver un sourire sous le baiser d'un fils :
et derrière eux, ricanant, invisible et d'un pas
agile, marchait le malheur. Crois-tu avoir
épuisé d'un trait la coupe fatale? Interroge-
toi : toutes choses te sont-elles donc devenues
indifférentes? N'y a-t-il plus rien que tu re-
doutes ou que tu désires?

— Plus rien!

La prêtresse d'Osiris sourit avec tristesse :
— Enfant!

Elle étendit la main....

Marc sentit quelque chose d'inconnu se passer en lui. Une ineffable sensation de bien-être
l'envahit tout entier : l'atmosphère devint pure
et fraîche comme dans une matinée de printemps. Les liens de la vie sociale tombèrent.
Il se sentit redevenir pur et léger. Sa taille
n'était pas plus grande que celle d'un enfant
de douze ans. Son cœur était redevenu serein.
Son intelligence, débarrassée du fardeau d'ex-
périence et de savoir qui l'alourdissait, avait
repris sa souplesse naïve.

Il se trouvait dans une petite église pleine
d'encens, de soleil et de musique. L'orgue
jetait ses notes graves sur la tête des fidèles

agenouillés. Dans le chœur deux rangées de beaux enfants, jeunes garçons et jeunes filles, priaient avec recueillement, mains jointes et genoux ployés. Lui-même était parmi eux. C'était un jour de première communion. Les communiantes s'approchèrent de la sainte-table. L'une d'elles surtout était angélique-ment belle avec son long voile blanc, sa couronne de fleurs qui ceignait sa tête comme d'une auréole. Une expression indéfinissable, mélange d'extase, de souffrance et de religieux bonheur lui donnait quelque chose d'éblouissant. On eût dit qu'un chérubin chantait dans son âme et qu'elle écoutait cette voix du ciel avec un muet ravissement.

— Mon Dieu! Marie! Marie! s'écria Marc.

La prêtresse d'Osiris retira la main.

Un nuage passa dans l'âme de Marc. Il était redevenu lui-même; il se souvint, et un cri de douleur lui échappa.

— Tu vois bien, dit la prêtresse avec une douce inflexion de voix, tu vois bien que tu peux encore souffrir. Oui, c'est Marie! C'est-à-dire de nouvelles amours, de nouvelles souf-frances. Et après Marie, ce sera une autre, ou bien ce sera un ami, ou bien ce sera un rêve de gloire, ou bien un enfant, qui te tortureront, et ce sera ainsi jusqu'à la mort. La mort, c'est la délivrance. Ah! si tu savais combien l'amour des morts est bien autrement doux; si tu savais combien il y a de voluptés infinies dans cette union intime de deux âmes dégagées de la matière, comme tu te hâterais de franchir cette limite qui nous sépare. Oh! si du moins je pouvais retourner en arrière et venir à toi, je n'hésiterais pas, moi! Ne sais-tu donc pas encore que l'amour le plus complet, le bonheur le plus entier qu'il soit donné à l'homme de goûter n'est que l'ombre d'un idéal, et laisse toujours des désirs inexaucés? Eh bien, cet idéal, il est au-delà de la tombe, et mille fois plus beau que tu ne peux l'imaginer. Sa réalisation est l'œuvre éternelle, toujours accomplie et toujours renouvelée, à la fois la souveraine beauté et la vérité souveraine. Mais, pour qu'une âme puisse accomplir cette destinée de bonheur, il faut qu'elle trouve une âme qui s'harmonise avec la sienne. Ton âme est sœur de la mienne. Voilà trois mille ans que je t'ai attendu. Viens à moi, ta fiancée t'attend!

— Mensonge! mensonge! c'est Marie qui m'attend!

— Ame sœur de la mienne, viens à moi! je suis le bonheur, je suis l'idéal!

— Mensonge! mensonge! c'est Marie qui est le bonheur, c'est Marie qui est l'idéal!

— Marie te fera souffrir, comme l'autre! Oh! Marc, viens à moi! sache t'affranchir!

Et la prêtresse lui présentait un stylet dont la lame mince jetait un éclat bleuâtre.

— Non! non! je veux vivre pour Marie!

La musique s'éteignit dans une longue plainte et la vision s'effaça dans un nuage....

. . . .

— M. Marc! dit Jeannette en secouant l'étudiant par le bras pour le réveiller, M. Marc, vous voulez donc vous tuer. Je vous déclare que vous n'aurez plus ni huile, ni feu. Avec une santé de demoiselle, travailler jour et nuit! Je vous jeterai toutes vos paperasses au feu. Allez vous coucher. Si vous voulez continuer cette vie-là, vous n'avez qu'à vous pourvoir d'un autre appartement; quant à moi, je ne veux pas vous voir mourir dans ma maison!

DEI PARA VIRGO.

XXXIII.

Un jour, marchant avec distraction, sans but arrêté, Marc trouva devant lui une porte ouverte et la foule qui entrait. Il suivit la foule.

C'était, par hasard, un jour de fête, et le bâtiment ou il entra était le musée.

Marc parcourut longtemps ces belles galeries dont il avait souvent admiré les chefs-d'œuvre en détail; cette fois, il lui fallut des efforts inouïs de volonté pour y fixer son attention. Cependant il interrogeait avec un intérêt railleur ces mille visages de la foule, hébétés, intelligents, souffreteux, placides, bouffis, frais ou usés, pensifs ou niais, — curieuse mosaïque pour qui sait en interpréter les mille significations : — l'œuvre de Dieu l'intéressait plus ce jour-là que les plus belles œuvres de l'homme. Ceux qui ont souffert et qui marchent dans l'ombre du destin savent quelle tendance secrète nous porte à observer, à étudier dans autrui nos propres douleurs, ou à découvrir en lui des contrastes poignants qui les aiguisent.

— Regarde, chéri ! disait, à côté de lui, une maigre personne qui se balançait au bras d'un homme gros et court ; regarde, chéri, cette grosse bou-boule au chapeau lilas ; elle a l'air d'une caille en sabots.

Le grave monsieur enfonça son menton dans sa cravate, lorgna la grosse bou-boule, et trouva sans doute la comparaison drôle, car il sourit tendrement à sa compagne.

— Moi, disait un jeune homme blond, mis comme un tailleur, à un jeune homme brun qui tenait son chapeau à la main pour montrer sa raie fraîchement faite, moi j'ai quitté Fanny et mon journal. L'une et l'autre étaient pour mes amis plus que pour moi. Ce n'est pas

que je sois égoïste, mais c'est vexant quand
on abuse, et les amis abusent énormément.

— Et comment fais-tu? dit le jeune homme
brun en frisant sa moustache mince.

— Je lis le journal au café ou j'emprunte
celui d'un ami : je me suis défait de mes amis,
mais je me suis fait l'ami des autres. C'est plus
facile, et moins coûteux.

Des ouvriers stationnaient devant les colos-
sales conceptions de Rubens, admirant d'instinct sans comprendre, et tout étonnés de
l'émotion inconnue que la vue de ces œuvres
d'art leur causait.

Des galeries de tableaux Marc avait passé
dans le musée de sculpture.

— Tiens, chéri, disait la personne maigre à
son cavalier obèse, cette tête de sainte Marie!
C'est en marbre blanc. Mon oncle le comman-
dant a un buste de Napoléon tout pareil dans
son salon. Mais, vois donc! la sainte Marie est
coiffée comme ma cousine Lolotte.

Cette tête de madone était d'une ravissante
expression de pureté et de grâce [1]. , . .

. . . .

[1] Le manuscrit offre ici une lacune où l'auteur voulait
sans doute placer une description.   *(Note de l'édit.)*

Elle portait l'inscription *Dei para virgo*.

Comme la personne maigre et son cavalier allaient quitter la salle, ils entendirent un cri.

Un grand jeune homme, pâle comme un mort, venait de tomber à deux genoux devant la madone ; il tendait les bras vers le marbre, et s'évanouit en murmurant d'une voix étouffée :

— Oh ! mon Dieu ! Marie ! Marie !...

— C'est sans doute cet Anglais dont les journaux ont parlé l'autre jour, dit la personne maigre. Tu sais, chéri, ce fou qui tombait amoureux des figures de cire que les coiffeurs mettent aux vitrines ; sa famille dut le faire interdire parce qu'il se ruinait en bustes de cire.

XXXIV.

Anvers,

Il ne faut pas, mon ami, t'inquiéter de ma
disparition. J'étais sous l'impression d'un sentiment si violent, j'étais si bouleversé que je
suis parti sans rentrer chez moi, sans t'aver-
tir, sans même m'apercevoir que j'avais à peine
l'argent nécessaire pour payer mon voyage
jusqu'à Anvers.

Un hasard extraordinaire m'a mis sur les
traces de Marie; je veux la retrouver. J'ai découvert au musée, une tête de madone qui ne

peut avoir été faite que d'après elle. L'artiste habite Anvers. Je me rends à l'instant chez lui:

Envoie-moi, le plus tôt possible, tout l'argent que tu as et tout celui que tu pourras te procurer.

MARC,

XXXV.

Anvers,

Horrible! horrible! Je l'ai revue, je l'ai retrouvée! Elle, l'ange de mon adolescence, elle, mon salut et ma foi, sais-tu ce qu'elle est devenue? Tiens, ami, il y a, dans la vie, des choses épouvantables et faites pour donner ce fier dédain de l'humanité, ce doute poignant qui déforme mais qui durcit l'âme! A peine suis-je homme, et me voilà abreuvé de dégoûts ; ma jeunesse avait côtoyé bien des fanges et sondé bien des abîmes sans se salir et sans gagner le vertige ; au milieu de la corruption, je m'étais gardé pur pour ne pas souiller la vierge qui m'aimerait. J'ai aimé deux femmes, l'une comme un ange gardien, l'autre d'amour. Il y avait dans leur âme candide à la surface, dans leur sourire d'ange, plus d'infamies et de lâchetés... Oh! tiens! c'est horrible! Tu sais l'histoire de celle que sa faiblesse a perdue. Celle-là n'était pas pauvre pourtant. J'ai pour elle plus de pitié que de mépris, bien qu'elle m'ait fait un mal affreux. Et, quoique je ne pense jamais à elle sans un sourd tressaillement intérieur, Dieu sait qu'il y a des instants où je voudrais la voir heureuse avec cet homme, au prix de ma vie, de mon bonheur si je pouvais encore en avoir.

Quant à l'autre, écoute : — Je t'ai souvent parlé de Marie. Le souvenir de cet amour d'enfance a été longtemps mon seul appui; plus tard il est devenu ma seule consolation. Ma mère, une sainte et courageuse femme, celle-là, m'avait entouré d'une atmosphère si aimante que mon cœur s'était éveillé dès l'enfance, et que j'eus pour Marie, dans un âge où d'ordinaire on n'est susceptible ni de comprendre, ni de ressentir l'amour, une véritable passion. Je l'aimai longtemps sans oser lui parler, tremblant et honteux à sa vue. Ma mère surprit le secret d'un sentiment prématuré dont la violence avait mis mes jours en danger. Ma mère était un ange; elle comprit tout. Elle me conduisit chez les parents de Marie. J'étais

un enfant. J'ignorais alors, j'ignorai longtemps
la nature des sentiments tendres et violents
que cette enfant m'inspirait.

Cette affection était quelque chose de si
doux, de si profond, de si puissant qu'elle a
résisté à tout. Ni l'absence, ni les idées ou les
désirs d'un autre âge n'ont pu l'affaiblir. Lorsque, plus tard, je m'interrogeai, je ne sus jamais m'en rendre compte. Cette affection était
quelque chose de si complet qu'elle embrassait
tous les autres sentiments. C'était à la fois la
grave amitié d'un frère, la passion d'un amant,
l'attachement réfléchi et prévoyant d'un père.
Elle faisait partie de moi, cette enfant; elle
était comme mon ange gardien; elle était ce
qu'il y a de plus beau, de plus pur, de plus
précieux. Elle me faisait penser à Dieu, comprendre et chérir la nature; ce fut la chaleur
de cette affection qui fît germer et grandir
mes premières idées; par elle, je me révélais
à moi-même, par elle encore tout se révéla à
moi; car le sentiment, vois-tu, c'est la clef de
tout. Jusqu'au jour où je l'ai revue, Marie était
restée pour moi la petite fille de treize ans. Je
n'avais jamais songé qu'elle devait être devenue femme.

Tu ne sais pas, vois-tu, tout ce que Marie a été pour moi !

Elle partit ; ma mère mourut ; je restai seul, sans parents, sans amis, sans personne qui eût pitié de mon isolement. Lorsque je fus devenu indépendant, je voulus rechercher Marie, mais je ne l'osai pas ; je ne sais pas si tu me comprendras. L'âge et l'étude m'avaient initié à la vie ; je n'avais plus cette foi ardente de l'enfance. J'avais instinctivement peur de ternir ce beau rêve par le contact d'une hideuse réalité ; je savais que la poésie n'est que dans le passé et dans l'avenir. D'ailleurs on avait dit que la famille de Marie s'était expatriée ; le père était un homme aventureux, mal à l'aise dans sa position secondaire. J'appris qu'il était parti pour le Nouveau-Monde dans l'espoir de faire fortune.

Maintenant, voici :

Il y a, au musée de sculpture, une tête de madone d'une miraculeuse beauté. Tu peux l'y voir ; elle porte l'inscription *dei para virgo* ; elle est l'œuvre d'un artiste anversois. L'autre jour, je vis ce marbre et je reconnus Marie.

Depuis le mariage de l'autre, je suis si malheureux, j'ai tant souffert, que j'ai souvent lutté avec les vertiges du suicide. Eh bien, ce qui m'a sauvé encore c'est le souvenir de Marie. Je m'attachai à ce souvenir, à cet espoir, comme à une planche de salut. Je voulus la retrouver. Le hasard me mit sur ses traces : elle seule pouvait avoir inspiré le statuaire.

Je vins à Anvers.

J'allai trouver le statuaire. On m'introduisit. L'artiste me fit passer dans un salon attenant à l'atelier. Je lui dis tout comme à un frère ; c'était un homme de cœur : il devint pensif.

— Monsieur, me demanda-t-il, comment s'appelait cette jeune fille?

— Marie Duval, lui dis-je en tremblant.

— C'est en effet une jeune fille de ce nom qui a posé pour cette madone, dit-il après avoir réfléchi et avec une voix triste et grave.

— Mon Dieu!

— Oui, dit le statuaire avec une pénible hésitation. Je connaissais les parents, et ils ont permis...

— Marie vit, m'écriai-je! Vous savez où elle est?

— Marie est morte, dit-il d'un ton brusque et en essuyant une larme.

En ce moment la porte du cabinet s'ouvrit

et quelqu'un entra. Le statuaire s'élança, mais il était trop tard. J'avais entendu vaguement des rires et des cris dans l'atelier. J'avais entendu une voix de jeune fille qui me fit tressaillir : machinalement je regardai. Une femme demi-nue, renversée sur un sofa, repoussait en riant les caresses d'un jeune homme. Puis, je ne sais plus rien.

Cette femme, c'était Marie !

MARC.

ÉPILOGUE.

—

IDYLLE.

Sub tegmine fagi.

Marc ne revint pas à Bruxelles. Pendant deux ans je n'entendis plus parler de lui.

Au mois de juillet dernier, comme j'allais partir pour l'Allemagne, je reçus le billet que voici :

B.... 3 juillet 1854.

Mon cher Félix,

Si tu es fidèle à tes vieilles amitiés, viens passer les vacances avec moi à B..., que j'ha-

bite depuis la mort de mon oncle. Tu trou-
veras ici une nature sauvage, des livres, des
fleurs, des pipes, du vin de Rhin et un vieil
ami qui t'aime comme un frère.

Marc Bruno.

J'expédiai mes malles pour Francfort et,
sans en rien dire à personne, je retardai mon
voyage d'une quinzaine que je destinai à Marc.

J'arrivai à B..., dans la matinée, juste trois
jours après. B... est un hameau d'une ving-
taine de maisons, enfouies dans la verdure
au pied d'une montagne abrupte sur le ver-
sant de laquelle perche une ruine mélancolique. En face, d'énormes blocs de rochers se
dressent à des hauteurs immenses. A droite
l'horizon est coupé par l'intersection de deux
côtés. A gauche les contours bleuâtres des
montagnes se groupent et se superposent
dans le lointain.

Au bas du village, un ruisseau rapide et
tortueux serpente entre des rives plantées de
saules et de peupliers. Un tronc d'arbre jeté
en travers forme un pont aussi pittoresque
que périlleux. Un chemin bordé d'une haie
d'aubépine et d'une rangée de poiriers longe

le ruisseau et laisse sur la droite un vieux
moulin abandonné.

Un marmot déguenillé et joufflu me conduisit à l'habitation de Marc. Je vis une maison à un étage, simple et petite. Couverte de
chaume verdi par la mousse, elle avait ce cachet rustique que j'aime tant. Elle était presque
entièrement masquée par un rideau de hauts
peupliers. Une haie vive, forte comme une muraille, clôturait le jardin et la cour. On n'aper-
cevait au travers de cette verdure qu'un coin
de mur gris et l'angle d'un volet. Elle était
située entre une petite cour riante comme une
corbeille de fleurs et un très-grand jardin qui
s'étendait derrière. A droite étaient des étables.

Dans le petit jardin, devant la maison, un
homme tenant une bêche était penché sur un
rosier en fleurs. Il portait un chapeau de paille
et un sarrau. A mon approche, un grand chien
de chasse, couché à ses pieds se leva en gron-
dant. Le paysan se retourna : je reconnus Marc.

. . . .

Le soir nous étions assis dans un petit cabinet qui donnait sur un large sentier au tournant duquel il y avait une fontaine. Il faisait
encore jour, et la lune montrait déjà sa grande

face vermeille sur la cîme des rochers. La flamme bleue du punch petillait avec des lueurs rouges.

— De sorte que tu as hérité?

— Cette maison, des champs, des prairies, enfin de quoi vivre comme un bourgmestre flamand.

— De ce même oncle qui avait juré de te déshériter?

— Du même. Un brave homme du reste. C'est une histoire curieuse. Figure-toi qu'il était célibataire. Il avait une gouvernante, fille adroite, rapace, jolie assez pour tourner la tête à un vieillard. Mon oncle avait fait son testament : Il ne me laissait même pas une mèche de ses cheveux. Tout était pour cette fille. Tu vas voir comment l'excès de précaution peut nuire, quoi qu'en dise le proverbe. Elle crut mieux faire de veiller elle-même à la conservation de cet acte. Elle se le fit donner et l'enferma au fond d'une vieille armoire où elle mettait ses épargnes, ses bonnets du dimanche, ses robes de soie, et dont la clef ne la quittait jamais. Là elle crut sa fortune en sûreté; mais elle avait compté sans les rats. Le testament resta en repos, au fond de son armoire,

jusqu'au décès de mon oncle, une quinzaine
d'années peut-être. Mon oncle mort, sa gouvernante voulut se mettre en possession de sa fortune. Elle ouvrit la fameuse armoire, déplaça
ses cartons. Plus de testament : les rats l'a-
vaient dévoré; il ne restait qu'un bout de la
ficelle qui entourait l'acte et le cachet.

— C'est un conte que tu me fais.

— Non, puisqu'il y a eu procès.

— Et que fait la Babet de ton défunt oncle?

— Je ne sais pas. Elle a voulu me gouverner
aussi. Je l'ai mise à la porte, et je lui paye une
pension.

— Et tu es médecin?

— Oui, depuis six mois. J'ai passé, à la dernière session. Ce canton est trop pauvre pour
qu'un médecin puisse y gagner sa vie. Comme
j'ai résolu de rester ici, j'ai repris mes études
de médecine.

Marc était ce soir-là d'une gaieté douce. Je
le trouvai un peu changé : son caractère n'avait
plus les aspérités d'autrefois. Je crus un instant qu'il était *résigné*; mais, en l'observant
mieux, je vis que cette résignation apparente
n'était que le calme qui accompagne la vraie
force. J'avais craint que les bouillonnements

de sa jeunesse n'eussent ruiné la santé de son esprit ou de son corps. Mais il n'en était rien. L'air des champs avait hâlé son teint, et sa voix avait acquis un timbre plus sonore. L'habitude de souffrir et de penser avait un peu courbé sa taille. En le voyant, on devinait l'homme dont le passé est plein de souvenirs.

Un matin nous étions dans le jardin : le sentier passait derrière la haie, et, par un grand trou que les enfants et les chèvres avaient pratiqué, on pouvait voir la fontaine. Elle était formée d'un simple tronc d'arbre creusé en bac dans lequel un saule mirait son frileux feuillage d'argent. De l'autre côté du chemin qui s'élargissait un peu en cet endroit s'élevait une croix de pierre.

Une jeune paysanne, presqu'enfant encore, traversa le chemin pour aller puiser de l'eau. Sa robe de grosse étoffe bleue dessinait des contours pleins de pureté et d'élégance naturelle. Elle avait des cheveux noirs magnifiques dont les bandes opulentes tombaient un peu en désordre autour de son cou blanc et de ses joues roses.

Elle se dressa sur la pointe de ses petits pieds pour se faire plus grande et pour voir dans le jardin, par dessus la haie. La jolie fillette nous vit, et, surprise en flagrant délit de curiosité, elle cacha sa rougeur dans son tablier.

— C'est Mariette qui va à la fontaine, me dit Marc. — Bonjour Mariette !

— Bonjour, Monsieur Bruno, dit la jeune fille en rougissant davantage.

Après avoir placé sa cruche sous le filet d'eau, elle alla s'agenouiller devant la croix de pierre. Revenue près de la fontaine, elle but dans le creux de sa main, puis elle releva les manches de sa robe jusqu'au coude et plongea ses bras blancs, fins et potelés, dans l'eau fraîche. Nous la regardâmes faire.

— C'est la fille d'un pauvre soldat qui demeure tout près, dans cette maisonnette blanche que tu vois là. Elle s'appelle Marie, comme l'autre, dit-il d'une voix triste.

— Tu y songes donc toujours, à l'autre, demandai-je ?

— Est-ce que je puis oublier Marie ? est-ce que je puis oublier ma mère ? J'ai souvent eu des remords d'une lettre que je t'ai écrite d'Anvers et dans laquelle je te racontais la

chute de cet ange. J'ai mieux su les choses
depuis. Marie faisait l'infâme métier de modèle, non par nécessité mais par goût. Marie
trafiquant des choses les plus saintes, Marie devenue plus sale que l'égoût des rues, est restée
pour moi ce qu'elle était autrefois; j'ai encore
pour elle un culte chaste et pieux.

— Que s'est-il donc passé?

— Tu ne sais pas tout : écoute. Je devins comme fou de cette terrible décou-
verte. Égaré par une frénésie pleine de tendresse et de rage, je voulus posséder Marie;
elle devint ma maîtresse. Cela, vois-tu, fut
quelque chose d'odieux, quelque chose d'horrible. Ce fut pis qu'un inceste; je ne lui ai pas
donné un baiser que je n'aie éprouvé cette
répulsion honteuse d'un misérable qui outra-
gerait sa sœur. Elle était bonne fille, rieuse,
ouverte. Je lui plus! elle me trouva drôle, et
me fut dévouée. Elle avait perdu toute espèce
de pudeur; elle racontait à qui voulait l'entendre, et en riant comme une folle, l'histoire
de notre amour d'enfance. Je ne saurais te
dire tout ce que je souffris. Une nuit, je devins
complétement insensé. Je me levai; je la pris
dans mes bras comme un petit enfant et je lui

tins les discours les plus étranges, les plus in-
cohérents, les plus passionnés. Ce que je lui
dis, je ne le sais. Je ne sais pas non plus ce
qui se passa en elle ; mais cette fille se trans-
figura. L'insouciance et l'impudicité de la courtisane disparurent. Le sentiment de sa dégra-
dation l'éclaira soudain ; elle comprit ce que
nous avions été, ce que nous étions l'un pour
l'autre. Un rayon de pureté la traversa comme
un regard de Dieu. Elle se jeta à genoux devant
moi ; elle redevint pour une nuit la petite Marie de mes rêves. Alors elle me raconta son
histoire : quelque chose de si affreux et de
si poignant, que je doutai de la justice
divine, ce jour-là. Son père avait passé
avec elle en Amérique. Ce père était un infâme.
Il vendit sa fille. Après quelques années elle
revint en Europe. Elle m'aimait encore. Sa vie
alors se tacha de toutes les souillures.

De grosses larmes roulaient sur les joues
pâles de mon ami.

— Pauvre ange! dit-il. Elle avait bien souffert, puis avait fini par s'habituer à cette vie et
par y prendre goût. Mon Dieu! mon Dieu! dit-
il en laissant tomber sa tête dans ses mains.

Quand il fut un peu calmé, il reprit :

— J'essayai de la relever, de la tirer de la fange. Elle rit de mes projets, car, le lendemain de cette nuit, elle était redevenue la créature impudique de la veille. Mon oncle étant mort, je voulus lui faire une position, assurer son existence : elle refusa tout. Alors j'eus le courage de la quitter.

— Et tu ne l'as plus revue ?

— Si, dit-il d'une voix sourde ; une fois : c'était à Liége, à l'amphithéâtre. Son cadavre servait aux démonstrations anatomiques.

Je ne pus réprimer un cri d'horreur et de pitié.

— J'ai su qu'à sa dernière heure elle disait mon nom, ajouta Marc en tournant ses regards vers le ciel.

Nous restâmes longtemps silencieux.

— C'est un malheur de trop se détacher des choses réelles, positives, pratiques, me dit enfin Marc, car la société est une nécessité et un bien. Se placer en dehors d'elle par les idées, par les sentiments ou par les actions, c'est se préparer un avenir de souffrances. Il n'y a qu'une chose qui donne le bonheur : concevoir et réaliser le bien ; tout le reste est mensonge. Nous ne vivons pas pour être le plus heureux possible, mais pour faire le plus de bien possible. J'ai cru follement que la recherche du bonheur était la loi primitive et synthétique de l'humanité, car le bonheur c'est la jouissance la plus complète possible du beau, du bien, du vrai, du juste. Cela serait ainsi si l'homme était parfait. Mais, termina Marc en se levant, l'homme est la seule chose vicieuse de la création, et là était l'erreur.

Je fis un geste de dénégation.

— Tu crois l'homme bon, toi, dit-il avec un ricanement singulier; — c'est que tu n'as pas encore assez souffert. Tu crois, n'est-ce pas? à une âme faite à l'image de Dieu. L'âme, vois-tu, c'est un bout de chandelle dans une lanterne sourde; ce bout de chandelle se croit un soleil fait pour éclairer la création. Maintenant, allons prendre le café.

Nous entrâmes. Il devint railleur, caustique, charmant. Nous parlâmes avec bonheur de notre vie universitaire, des amis absents; tout à coup, il devint silencieux. Nous étions assis près de la fenêtre de son cabinet; on voyait le sentier et la fontaine. Son grand chien était couché à ses pieds et le regardait en frétillant de la queue.

Marc se leva, fouilla dans son secrétaire et en tira une lettre qu'il me remit.

— Tiens, dit-il, voilà tout ce qui me reste de ma jeunesse.

J'ouvris la lettre ; elle était signée Mathilde.

J'ai voulu me lever pour vous dire un dernier adieu, Marc. J'ai tant souffert que Dieu a eu pitié de moi et qu'il me délivre. Marc, soyez béni, car je sens que vous m'avez pardonné ; soyez béni, car je sens que vous m'aimez encore. Soyez heureux. Vous le serez, croyez-en le pressentiment d'une mourante. Ce pressentiment est toute ma joie, toute ma consolation.

Je vais mourir ; mon agonie a commencé le jour de mes noces. Oh ! Marc, comme j'ai souffert ! Cet homme auquel on m'a livrée a fait de moi sa victime de tous les jours. Je lui pardonne tout puisque Dieu m'a exaucée.

Soyez heureux, Marc ; moi je meurs. Ne vous attristez pas de ma mort. Ne m'oubliez jamais. Mais, en pensant à moi, ne pensez pas au mal que je vous ai causé, faites-moi le sacrifice de vos regrets en récompense de mon expiation. Adieu, Marc ! Je vais vous attendre au ciel.

Mathilde.

Marc, le visage caché dans ses mains, sanglotait.

La nuit était venue, pure et claire. La lune répandait ses molles ondes lumineuses sur les champs, sur la verdure, sur la ruine silencieuse, projetant çà et là des ombres indécises. Un grillon faisait entendre quelque part son petit cri monotone. On voyait les blanches murailles d'une maisonnette derrière les peupliers, et la flamme petillait dans l'âtre.

Une voix fraîche, mélodieuse, ravissante, se fit entendre du côté de la chaumière. C'était une voix de jeune fille. Elle chantait une de ces ballades populaires tout empreinte d'une sorte de religieuse mélancolie.

Marc écouta longtemps. Sa douleur devint de la rêverie. Je vis un doux et triste sourire errer sur ses lèvres quand il me dit :

— Écoute ! c'est Mariette !

— C'est l'espérance, dis-je en le serrant sur mon cœur.

TABLE

	pages.
Notice sur Félix Thyes	IV
MARC BRUNO, PROFIL D'ARTISTE.	1
Préface.	3
Prologue. Les communiants.	11
Première partie. — Marc Bruno. — I.	21
II	25
III	26
Une larme pour un serin mort. — IV.	29
La pomme d'Ève. — V.	37
Le pendant du premier tableau. — VI.	47
VII	52
Deuxième partie. — Lettre. — VIII.	59
Explications. — IX.	65
Lettre. — X.	75
Amour. — XI.	77
XII.	78
XIII.	84

pages.

XIV. 83
XV 84
XVI. 86
XVII. 87
XVIII 88
Intrigue. — XIX. 91
Pourboire. — XX. 103
Artiste et diplomate. — XXI. 107
Lettre. — XXII. 119
Délire. — XXIII. 123
XXIV 124
XXV 126
XXVI 131
Première des trois lettres. — XXVII. . . . 133
Deuxième des trois lettres. — XXVIII. . . . 137
Troisième des trois lettres. — XXIX. . . . 143
Troisième partie. — Monologue d'un électeur
     éligible à propos de Marc. — XXX. . . . 147
Républicains. — XXXI. 151
Les amours d'une momie. — XXXII. . . . 155
Dei para virgo. — XXXIII. 167
Lettres. — XXXIV. 171
XXXV 172
Épilogue. — Idylle 179